HUMBOLDT FORUM
GESCHICHTE DES ORTES

Ausstellungsführer

Herausgegeben von der
Stiftung Humboldt Forum
im Berliner Schloss

PRESTEL
München • London • New York

Inhalt

Grußwort

Das Humboldt Forum bietet vielfältige Einblicke in wechsel-
volle Geschichten und Schichten in der Mitte Berlins. Hier
begegnen sich rekonstruierte barocke Fassaden, originale
Bauskulpturen des zerstörten Berliner Schlosses und
zeitgenössische Architektur, wie sie von Franco Stella
entworfen wurde. Zeugnisse aus dem Palast der Republik
erinnern an das einstige Kulturhaus und den Sitz der
Volkskammer der DDR.

 Die Auseinandersetzung mit der bewegten Geschichte
des Ortes ist ein wichtiger Impuls für das Programm
und Profil des Humboldt Forums. Dazu gehören auch die
Diskussionen um seine Entstehung. Zukünftig sollen
hier diverse Perspektiven, vielstimmige Erinnerungen und
Positionen zusammenkommen, um den Blick in die Vergangenheit und zugleich in die Zukunft zu richten.

 Dieses Buch lädt Sie ein, diesen besonderen Ort zu
entdecken, sich auf eine Zeitreise zu begeben und
sich in das neue Humboldt Forum einzubringen. Seien
Sie herzlich willkommen!

Hartmut Dorgerloh, Generalintendant

Einleitung

Sumpfwiese, Stadtviertel, Kloster, Schloss, Aufmarsch-
platz, Palast der Republik, Wiese – wo heute das neu
erbaute Humboldt Forum steht, ist viel passiert. Seit 800
Jahren ist dieser Ort ein Hotspot der Politik. Hier haben
Fürsten und Politiker gebaut, umgebaut, abgerissen und
immer wieder neu geplant, um ihren politischen Ansprü-
chen Ausdruck zu verleihen.

   Dieser Ausstellungsführer stellt die besondere
Geschichte dieses Bauplatzes vor und führt anschließend
mit ausgewählten Themen und Objekten in die vier Aus-
stellungsbereiche ein: die Geschichte des Ortes mit einem
riesigen Videopanorama, das einen Überblick über die
Jahrhunderte gibt; der Schlosskeller mit Fundstücken vom
Mittelalter bis heute; der Skulpturensaal mit Fassaden-
figuren des barocken Schlosses; die 35 Spuren, die im
ganzen Haus an wichtige Momente der Ortsgeschichte
erinnern.

Die Kuratorinnen und Kuratoren
der »Geschichte des Ortes«

Die Doppelstadt Berlin–Cölln   um 1450

Ringstechen vor dem kurfürstlichen Schloss   1593

Gebaute Politik – 800 Jahre kurz gefasst
Judith Prokasky

Das Grundstück auf der Spreeinsel, wo heute das Humboldt Forum steht, ist ein besonderer Ort: Monarchen und Politiker nutzten und nutzen es seit Jahrhunderten als Bühne und Symbol ihrer Politik. Damit provozierten sie häufig Widerspruch. Es ist dieser Gegensatz von politischem Anspruch und gesellschaftlicher Kritik, der sich als roter Faden durch die Geschichte dieses Ortes zieht.

Diese Entwicklung lag um 1250 ↳ S. 23 noch in weiter Ferne. Während Köln am Rhein mit 40 000 Einwohnern eine Metropole war, herrschte in Cölln an der Spree ein überschaubares Treiben. Die Markgrafschaft Brandenburg befand sich am äußersten Rand des römisch-deutschen Reichs, spät christianisiert und dünn besiedelt. Erst gegen Ende des 13. Jahrhunderts gründeten Dominikanermönche auf der Spreeinsel ein Kloster – ein Zeichen, dass die kleine Handelsstadt an Bedeutung gewann und gemeinsam mit dem gegenüberliegenden Berlin aufblühte. Noch fand die große Politik anderswo statt und die Bürger der Doppelstadt Berlin-Cölln fühlten sich als freie Städter.

Das änderte sich, als der römisch-deutsche Kaiser einen ehrgeizigen Burggrafen aus dem fernen Nürnberg zum Kurfürsten und Markgrafen von Brandenburg machte. Als die Familie der Hohenzollern Cölln als neuen Herrschaftssitz wählte, erzwang sie die Schenkung eines passenden Grundstücks. 1443 begannen die Bauarbeiten am Stadtrand, gleich neben dem Dominikanerkloster. Der Neubau brachte zwar vielen Handwerkern lukrative Aufträge, aber den meisten Bürgerinnen und Bürgern gefiel es wenig, dass sich ihnen eine neue Autorität vor die Nase setzte. Im »Berliner Unwillen« rebellierten sie, verwüsteten Kanzleiräume, öffneten Stauwehre und setzten die Baustelle unter Wasser. Den Wandel aufhalten konnten sie nicht: Der Kurfürst festigte seine Macht und stellte die Residenz 1451 ↳ S. 24 fertig.

In der Folgezeit bauten die Hohenzollern das Schloss zu ihrer Hauptresidenz aus. Das benachbarte Dominikanerkloster störte ihre Ausbaupläne ebenso wie ihren landesherrlichen Machtanspruch. Der Kurfürst ließ es auflösen und die Klosterkirche zu einer repräsentativen Hof- und Domkirche mit Grablege für die Herrscherfamilie und den Adel umbauen.

Die erste Ansicht des Schlosses datiert von 1593: Sie zeigt ein festliches Schauturnier vor der neu errichteten Südfassade. Der Hofstaat umfasste mittlerweile circa 500 Menschen. Ein reisender Kaufmann und Kunsthändler berichtete, dass man von silbernem Geschirr speise und Gemälde des berühmten Lucas Cranach dem Älteren an den Wänden hingen. Allerdings hätten von den 40 Räumen im Schloss nur wenige fürstliches Niveau gehabt.

Der Dreißigjährige Krieg brachte Kämpfe, Plünderungen, Seuchen und Hunger über Brandenburg. Nach dem Friedensschluss

Kurfürstliches Schloss   um 1690

Einzug Friedrichs I. ins königliche Schloss   1701

1648 setzte Kurfürst Friedrich Wilhelm (der »Große Kurfürst«) ein Zeichen des Neubeginns für das verarmte und entvölkerte Land. Er ließ Bastionen bauen, das Schloss erneuern und einen prachtvollen Schlossgarten anlegen. Als Vorbild hatte er die reichen, kultivierten Niederlande vor Augen, die Heimat der Kurfürstin Luise Henriette. Bis heute trägt die touristisch bevölkerte Grünfläche zwischen Dom und Altem Museum den Namen »Lustgarten«, der aus dieser Zeit herrührt.

Um 1685 ↳ S. 25 besaß die Residenz wieder fürstliches Format. Sie war Wohn- und Herrschaftssitz, beherbergte Behörden, Gerichte und die Hofapotheke. Ebenfalls gehörte die kurfürstliche Kunstkammer dazu – eine Sammlung kostbarer Objekte, Geräte und Kunstwerke –, die später Keimzelle vieler Berliner Museen und wissenschaftlicher Einrichtungen wurde. Auch der Militärgouverneur hatte seinen Sitz im Schloss, denn das Heer spielte eine zentrale Rolle für die junge Dynastie, deren Länder sich zwischen dem niederrheinischen Kleve und Königsberg (heute Kaliningrad) auf über 1000 Kilometer verteilten.

Für fremde Einflüsse war man offen, wenn sie wirtschaftlichen Aufschwung versprachen. Nicht ganz uneigennützig bot der Kurfürst reformierten Glaubensflüchtlingen aus dem Ausland eine neue Heimstatt. Diese kamen vor allem aus Frankreich und den Niederlanden. Einige jüdische Familien aus Wien durften zuziehen, weil sie wohlhabend waren. Die Neuankömmlinge bereicherten Brandenburg mit Know-how, Engagement und internationalen Beziehungen.

Der nächste Kurfürst, Friedrich III., baute das europäische Netzwerk weiter aus, indem er in zweiter Ehe die Welfenprinzessin Sophie Charlotte heiratete. Über ihre engen familiären Verbindungen nach Paris, Den Haag und London war er stets darüber auf dem Laufenden, was in den besseren europäischen Herrscherhäusern angesagt war. Dieser Kurfürst hatte Ehrgeiz und wollte mehr: Pracht, Einfluss, Königswürde. 1698 beauftragte er daher den Danziger Baumeister Andreas Schlüter, das Renaissanceschloss in einen Barockpalast umzubauen. Der monumentale Außenbau und die aufwendige Innenausstattung bildeten ein Gesamtkunstwerk, das den Machtanspruch des Fürsten untermauerte.

Ein kühner Coup, der gelang: 1701 krönte sich Kurfürst Friedrich III. im preußischen Königsberg selbst zum König Friedrich I. in Preußen und betrat damit die Bühne der europäischen Monarchengesellschaft. Der Einzug des Königspaares ins Berliner Schloss dauerte vier Stunden, die Festlichkeiten zogen sich über vier Tage hin und endeten mit einem prunkvollen Feuerwerk. All dieser Aufwand diente vorrangig nicht dem persönlichen Vergnügen, sondern der Politik: Man präsentierte sich gegenüber Europas Königshäusern als Herrscher auf Augenhöhe, als attraktiven Bündnispartner und ernstzunehmenden Kriegsgegner.

Brezelverkäuferin auf dem Schlossplatz 1796

Nₒ 4.

*Kauffen sie nicht schöne
Spandosche Zimtpretzeln?*

Napoleon I. und seine Garde im Lustgarten 1806

Nachdem Andreas Schlüter beim Neubau des Münzturms gescheitert und entlassen worden war, ließ der König das Barockschloss durch die Baumeister Johann Friedrich Eosander und Martin Heinrich Böhme bis 1716 ↳ S. 26 nochmals erweitern. Es war Schauplatz der königlichen Hofhaltung und monarchischen Machtausübung, Ort repräsentativer Empfänge und Zeremonien, ein prachtvolles Bauwerk, dessen Besuch in Reiseführern empfohlen wurde – und nicht zuletzt ein gewaltiger, öffentlich zugänglicher Multifunktionsbau: Hier arbeiteten bis zu 1000 Personen. Es herrschte ein ständiges Kommen und Gehen, und die Hofdurchfahrten boten eine willkommene Abkürzung für Kutscher, Karren, Reiter und Fußgänger. Wie praktisch, dass sich in einem der Schlosszugänge ein öffentliches Urinal befand …

Für viele Hohenzollern, insbesondere für Friedrich II., bedeutete das Berliner Schloss vor allem offizielle Pflichten. Abseits solcher Termine hielt er sich am liebsten in Schloss Sanssouci in Potsdam auf, wie ein osmanischer Gesandter irritiert nach Istanbul berichtete. Für die diplomatischen Beziehungen war dieses Verhalten eher hinderlich. Schließlich wollten ausländische Würdenträger nicht in irgendeinem Lustschlösschen empfangen werden, sondern in der Residenz.

Bei den Zeitgenossen war das Berliner Schloss ebenfalls wenig beliebt. Der barocke Umbau war keine 80 Jahre her, da mäkelten viele, dass der Bau eines neuen Anstrichs bedürfe und uneinheitliches Stückwerk sei: Zur Spreeseite, so ein Kritiker, sehe es »wie ein verfallenes Raubschloss aus dem elften Jahrhundert aus«. Die Stadt Berlin hingegen war Ende des 18. Jahrhunderts auf der Höhe der Zeit. Die Einwohnerzahl hatte sich im Laufe des Jahrhunderts verdreifacht und westlich der Spree hatten die Hohenzollern ein neues, repräsentatives Stadtzentrum bauen lassen. Die Allee Unter den Linden und den Lustgarten etablierten sie als neue Schauplätze öffentlicher Huldigungen und fürstlicher Festzüge.

1793 verloren in Paris der König und die Königin den Kopf. In Berlin hingegen lud der Monarch zum Feiern ein, um das ungetrübte Verhältnis zu seinen Untertanen unter Beweis zu stellen. Die politischen Umwälzungen ließen sich allerdings nicht ignorieren. Napoleon Bonaparte machte sich daran, Europa zu erobern. 1806 besiegte der selbst ernannte Kaiser der Franzosen Preußen vernichtend, besetzte Berlin und hielt im Lustgarten eine Parade ab – dabei war das Betreten des Rasens bei fünf Talern Strafe verboten. Nachdem die Franzosen 1813 in der sogenannten Völkerschlacht geschlagen worden waren, feierte der preußische König hier seinen Dankgottesdienst.

Es folgte eine Phase der Restauration mit der Wiederherstellung alter Machtstrukturen. Der Verwaltungsapparat wuchs, und

Angriff der Kavallerie gegen Demonstrierende auf dem Schlossplatz   1848

Kaiser Wilhelm II. und seine Söhne auf der Schlossbrücke   1908

neben Offizieren gaben nun Bürokraten, Professoren und Juristen den Ton an. Behörden sowie kulturelle und akademische Einrichtungen verließen das Schloss, um eigene Häuser zu beziehen. Das Schloss wurde zunehmend zu einer reinen Wohnstätte der Hohenzollern, wo Gelehrte und Künstler wie der Forscher Alexander von Humboldt oder der Architekt Karl Friedrich Schinkel gern gesehene Gäste waren. Normalsterbliche verkehrten kaum noch im Schloss – außer sie waren Bedienstete.

Jahrelang herrschte eine bleierne Zeit, Unzufriedenheit staute sich an. Im März 1848 sprang der revolutionäre Funke aus Frankreich nach Berlin über. Etwa 270 Männer, Frauen und Kinder starben bei den blutigen Barrikadenkämpfen. Der König sah sich zur Ehrbezeugung vor den »Märzgefallenen« gezwungen. Kurzzeitig schien er sogar reformbereit. Doch letztlich bekräftigte er mit der Fertigstellung einer neuen Schlosskapelle unter mächtiger Kuppel seine Rolle als ein Monarch von Gottes Gnaden. Politische Teilhabe wurde nur in engen Grenzen zugelassen.

Auch die von vielen ersehnte nationale Einheit der deutschen Länder wurde vertagt. Erst im Verlauf des Deutsch-Französischen Kriegs 1870/71 einigten sich die deutschen Fürsten darauf, einen deutschen Nationalstaat unter preußischer Führung zu gründen. Der preußische König wurde im Schloss Versailles zum deutschen Kaiser ausgerufen, indes aber kein kaiserliches Schloss gebaut. Möglicherweise schätzten die Hohenzollern ja die Antiquiertheit ihres alten Berliner Schlosses, da es ihnen selbst an Altehrwürdigkeit fehlte. Kaiser Wilhelm II., der 1888 sein Amt antrat, war zugleich ein großer Fan des technischen Fortschritts. Er führte im Berliner Schloss Elektrizität ein, während die Habsburger – so heißt es – in der Wiener Hofburg noch bei Kerzenschein saßen.

Und es gab noch mehr Neuerungen: Der Kaiser brachte das Schloss bis 1910 durch Gittertore, Außenterrassen und ein monumentales Hohenzollern-Denkmal ↪ S. 27 auf Distanz zum städtischen Berlin. Politik – wie die Berliner Konferenz 1884/85, auf der Vertreter von 15 Staaten Afrika unter sich »aufteilten« – wurde derweil im Reichskanzlerpalais gemacht, gegebenenfalls im Reichstag. Das Schloss diente vornehmlich als Kulisse für Staatsempfänge, Feierlichkeiten oder die »Paroleausgabe« am Neujahrstag. Dann zog der Kaiser mit seinen sechs Söhnen und militärischem Pomp zum Zeughaus – ein Highlight für Massenpresse, Postkartenindustrie und frühes Kino, und bis heute Inbegriff der militaristischen preußischen Monarchie.

Im Sommer 1914 mündeten Wettrüsten, Machtstreben und Rivalitätsgebaren der europäischen Mächte im Ersten Weltkrieg. Vom Schloss herunter beschwor der Kaiser die im Lustgarten versammelte Menge, dass das »deutsche Schwert« siegen möge. Vier

Kundgebung vor dem kaiserlichen Schloss 1918

Aufmarsch der FDJ auf dem Marx-Engels-Platz 1964

Jahre später floh er vor Revolution und Kriegsniederlage ins Exil. Dort, wo er einstmals zum Volk gesprochen hatte, verkündete am 9. November 1918 der Sozialrevolutionär Karl Liebknecht die »freie sozialistische Republik Deutschland«. Tatsächlich setzte sich die gemäßigte »Weimarer Republik« durch.

Das Schloss verlor seine Funktion als Sitz des Monarchen. Der Reichspräsident wiederum wollte hier nicht residieren. Schließlich entschied die preußische Landesversammlung, das Gebäude durch akademische, wohltätige, kulturelle und museale Einrichtungen zu nutzen. Das Kunstgewerbemuseum bezog unter dem Namen »Schlossmuseum« 70 Räume. Besonderer Beliebtheit erfreuten sich die neu eingerichteten sogenannten Historischen Wohnräume der Hohenzollern. Der Literat Kurt Tucholsky spöttelte: »Nachts weht der [monarchische] Geist durch die öden Korridore. Und tagsüber? Tagsüber regiert er.«

Der Lustgarten, einst Bühne der monarchischen Selbstdarstellung, wandelte sich zum Schauplatz linker wie rechter Gruppierungen und Parteien. Bereits 1932 inszenierten die Nationalsozialisten hier ihre erste große Kundgebung in Berlin. Nach ihrer »Machtübernahme« nutzten sie das Schloss als eindrucksvollen Hintergrund für Großveranstaltungen, beispielsweise beim Entzünden des olympischen Feuers 1936. Im Schloss verblieben die Museen, Institute und Vereine scheinbar unverändert, doch die NS-Herrschaft bedeutete für viele ihrer Mitarbeiterinnen und Mitarbeiter Ausgrenzung, Verfolgung und Ermordung.

Der Zweite Weltkrieg, den das Deutsche Reich 1939 als Eroberungs- und Vernichtungskrieg begann, bildete den Anfang vom Ende des Schlosses. Kurz vor Kriegsende, im Februar 1945 ↳S.28, zerstörten Bomben weite Teile des Baus. Die nationalsozialistische Gewaltherrschaft hinterließ eine Ruine, die nach der Aufteilung Deutschlands in vier Besatzungszonen im sowjetischen Sektor lag. Und sie hinterließ eine Gesellschaft, die Sicherheiten und Perspektiven ersehnte. Ausstellungen wie *Wiedersehen mit Museumsgut* oder *Berlin plant* im berühmten, einstmals festlichen Weißen Saal des Schlosses zogen ein großes Publikum an.

Die 1949 gegründete Deutsche Demokratische Republik, die vielen zunächst als Hoffnungsträger erschien, entwickelte sich rasch zu einer Parteidiktatur unter sowjetischer Regie. Als sich der Parteivorsitzende Walter Ulbricht einen zentralen Aufmarschplatz wie in Moskau wünschte, befahl er 1950 ↳S.29 gegen heftigen Widerspruch auch enger Mitarbeiter den Abriss der Schlossruine. Ein Wissenschaftliches Aktiv aus Fachleuten sollte den Bau zuvor dokumentieren und Teile bergen – ein aussichtsloses Unterfangen in zu kurzer Zeit. Bis zum 1. Mai 1951 war die Fläche geräumt, um als Marx-Engels-Platz der ersten staatlich organisierten

Bowlingbahn im Palast der Republik   1976

Demonstrierende vor dem Palast der Republik am 4. November 1989

Massendemonstration zu dienen. Erst in den Jahren 1962 bis 1964 wurde die städtebauliche Ödnis gen Süden mit dem Staatsratsgebäude eingerahmt. In seine Fassade baute man Fragmente des Berliner Schlosses ein, um an die Liebknecht'sche Republikausrufung von 1918 zu erinnern. Die DDR trat als Vollender seiner politischen Ziele auf.

Lange diskutierten Politiker und Städtebauer, wie das neue Ost-Berliner Zentrum vollendet werden könne. Als mit dem Fernsehturm endlich das staatspolitisch erwünschte Machtsymbol stand, war der Weg frei für etwas Horizontales. Der neue Staatschef Erich Honecker entschied sich für den Bau eines populären »Volkspalasts«, der anstelle des zerstörten Schlosses ein Palast für alle sein sollte. Der Palast der Republik wurde 1973 begonnen und 1976 ↳ S. 30 fertiggestellt – entgegen geltendem Recht mit Spritzasbest, um schneller eröffnen zu können. Als Sitz der Volkskammer und offenes Haus mit modernem Design, zeitgenössischen Kunstwerken, 13 Restaurants und Cafés, Diskothek und Bowling sowie einem reichen Veranstaltungsprogramm weckte er die Illusion von Wohlstand, Teilhabe und Weltläufigkeit. Tatsächlich wurde er von der Stasi observiert, parteipolitisch reglementiert und hoch subventioniert. Während anderswo Mangel herrschte, servierte man hier zu jeder Jahreszeit den Eisbecher »Berliner Früchtchen« mit heißen Himbeeren.

Als die Partei- und Staatsführung im Oktober 1989 im Palast der Republik den 40. Jahrestag der DDR feierte, wurden draußen die Proteste immer lauter. Einen Monat später fiel die Mauer, und im März 1990 begründete sich die erste frei gewählte Volkskammer. Am 23. August 1990 beschloss sie den Beitritt der DDR zur Bundesrepublik. Hier endete die DDR-Geschichte des Palasts der Republik, der wenige Tage darauf vom Ministerrat der DDR wegen Asbestbelastung geschlossen wurde.

Während der Palast der Republik verfiel, wuchs die Debatte um die künftige Bebauung des Ortes. Eine private Initiative organisierte die teilweise Simulation des Berliner Schlosses im Maßstab 1:1 vor dem maroden Palast der Republik. Diese Vision fand Zuspruch durch viele Entscheidungsträger aus Politik und Wirtschaft. Eine durch die Bundesregierung eingesetzte Expertenkommission, die verschiedene Alternativen diskutieren sollte, fokussierte sich rasch auf die Idee der Rekonstruktion. Sie empfahl 2002 den Bau des Kulturzentrums Humboldt Forum mit rekonstruierten barocken Schlossfassaden.

Als entkernter Rohbau erlebte der Palast von 2003 bis 2005 eine letzte Blüte durch die Initiative *Zwischenpalastnutzung*. Inszenierungen, Konzerte und Interventionen zogen ein großes, vor allem junges Publikum an und zeigten Möglichkeiten jenseits alter Ideologien auf. Dennoch beschloss der Deutsche Bundestag 2006

1443 · 2013

endgültig den Abriss, bald darauf folgte der Wettbewerb »Wieder-errichtung des Berliner Schlosses – Bau des Humboldt-Forums im Schlossareal Berlin«. Es gewann der Entwurf des italienischen Architekten Franco Stella, der neben der Rekonstruktion der barocken Fassaden auch die Wiedererrichtung der klassizistischen Kuppel vorsah.

Derweil erstreckte sich auf dem Terrain, das bis 2008 ↳ S. 31 völlig freigeräumt wurde, eine Wiese als Sinnbild für eine bewusste Denkpause. Zeitweise standen hier eine privat finanzierte Kunsthalle und künstlerische Installationen, zeitweise fanden archäologische Grabungen durch das Landesdenkmalamt Berlin statt. Die Archäologinnen und Archäologen legten Überreste des Dominikanerklosters und des Schlosskellers frei, machten dabei zahllose Funde vom Mittelalter bis in die DDR-Zeit.

Mit dem Verschwinden des Palasts der Republik wuchs seine symbolische Bedeutung. Insbesondere die »Gläserne Blume«, eine Skulptur aus Edelstahl und Glas, die einst das Foyer schmückte, wurde zunehmend zu einer Chiffre für die ostdeutsche Identität und ihre Würdigung vielfach mit der Anerkennung ostdeutscher Erfahrung gleichgesetzt. Zugleich blieb die Entscheidung für eine Rekonstruktion des Berliner Schlosses umstritten, erkannten hier viele doch den fragwürdigen Versuch, eine ungebrochene deutsche Geschichte zu konstruieren.

2013 fand die Grundsteinlegung für das Humboldt Forum statt. Das Projekt bot Potenzial zur politischen Profilierung. Daher änderten sich im Laufe der Jahre mehrfach die Zuständigkeiten und Planungen für die künftige Nutzung des Gebäudes. Zugleich wurde weiter gestritten: Was wohl eine königlich-kaiserliche Architektur in einer Demokratie aussage, welche Botschaft ein Kreuz auf einer Kuppel in einer Stadt vermittele, in der Christen nur noch eine Minderheit bilden, wie mit Objekten umzugehen sei, die einst im Zusammenhang mit kolonialer Gewalt in die Museen kamen, ob die »Gläserne Blume« aus dem Palast der Republik einen Platz finden müsse … Das Humboldt Forum, das als Ort des Austauschs und der Diskussion propagiert wurde, war häufig selbst Auslöser für Debatten. 2020 ↳ S. 32 wurde das Haus fertiggestellt.

Nach 800 Jahren gebauter Politik erscheint dieser Ort als ein deutscher »Erinnerungsort«, ein wichtiger Bezugspunkt der nationalen Identität. Doch möglicherweise ist diese Lesart eine Frage der Perspektive: Wer nicht zur dominierenden Kultur gehört, fern von Berlin lebt oder gar erst in 50 Jahren geboren wird, hält diesen Ort vielleicht sogar für nebensächlich. Unstrittig ist, dass die Zukunft dieses Ortes offen ist. Zu hoffen steht, dass seine Gestalt und Programmatik künftig von Diversität, Demokratie und Diskurs bestimmt werden.

Architekturansichten
1250 bis 2020

Die nachfolgenden zehn Seiten veranschaulichen, wie unterschiedlich dieser Ort im Laufe der Jahrhunderte bebaut wurde: von den ersten Häusern des Mittelalters bis zum heutigen Humboldt Forum. Fachleute aus den Bereichen Archäologie, Geschichte, Kunstgeschichte, Architektur, Grafik und Mediengestaltung haben bei der Erstellung dieser digitalen Visualisierungen zusammengearbeitet. Je mehr sie wussten, desto genauer konnten sie die Gebäude darstellen. Für die Zeit des Mittelalters gibt es keine Abbildungen, daher blieb manches vage. Nicht gezeigt werden alle Gebäude, die im Norden und Süden an das Grundstück angrenzten.

1250 **Stadtviertel**
Markgrafschaft Brandenburg
im Heiligen Römischen Reich

Spree

Spree

Spree

1451 Schloss und Dominikanerkloster
Kurfürstentum Brandenburg
im Heiligen Römischen Reich

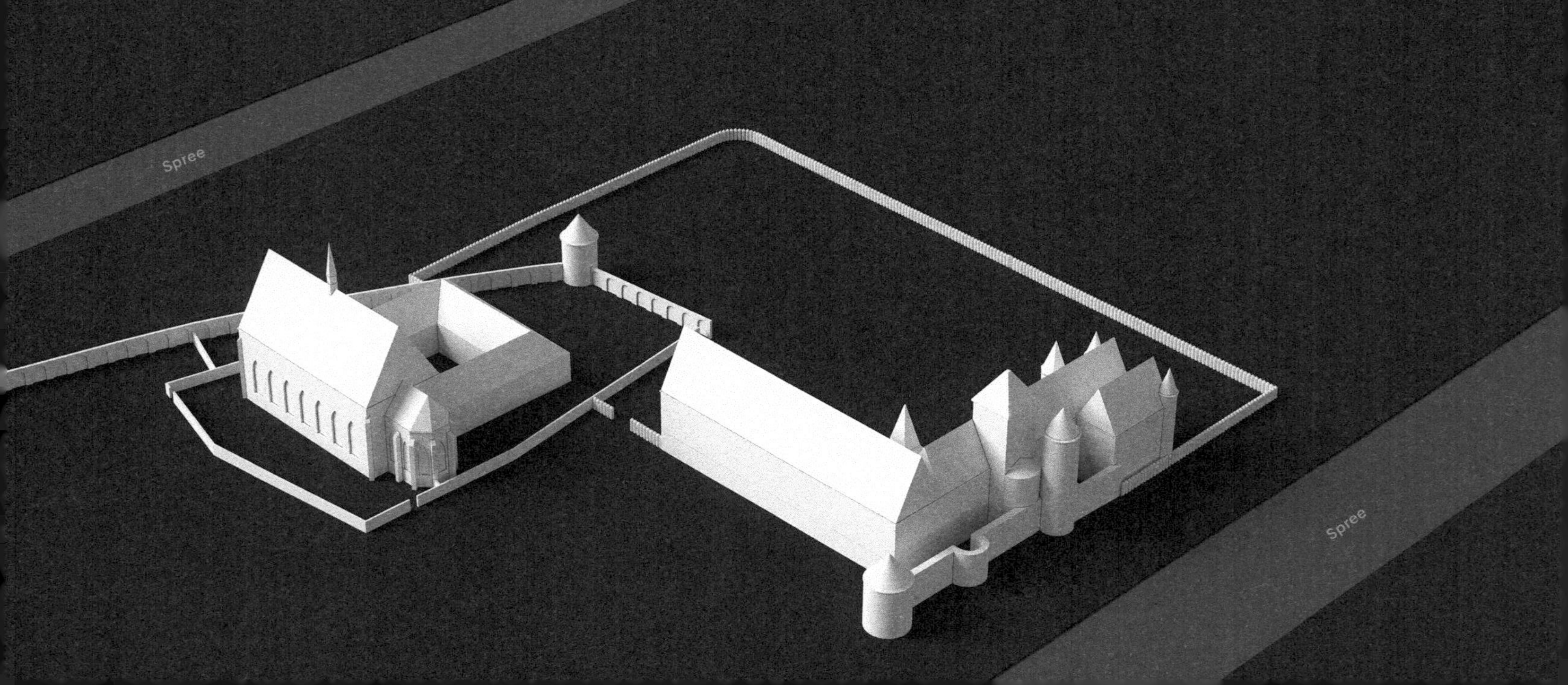

1685 Schloss und Dom
Kurfürstentum Brandenburg
im Heiligen Römischen Reich deutscher Nation

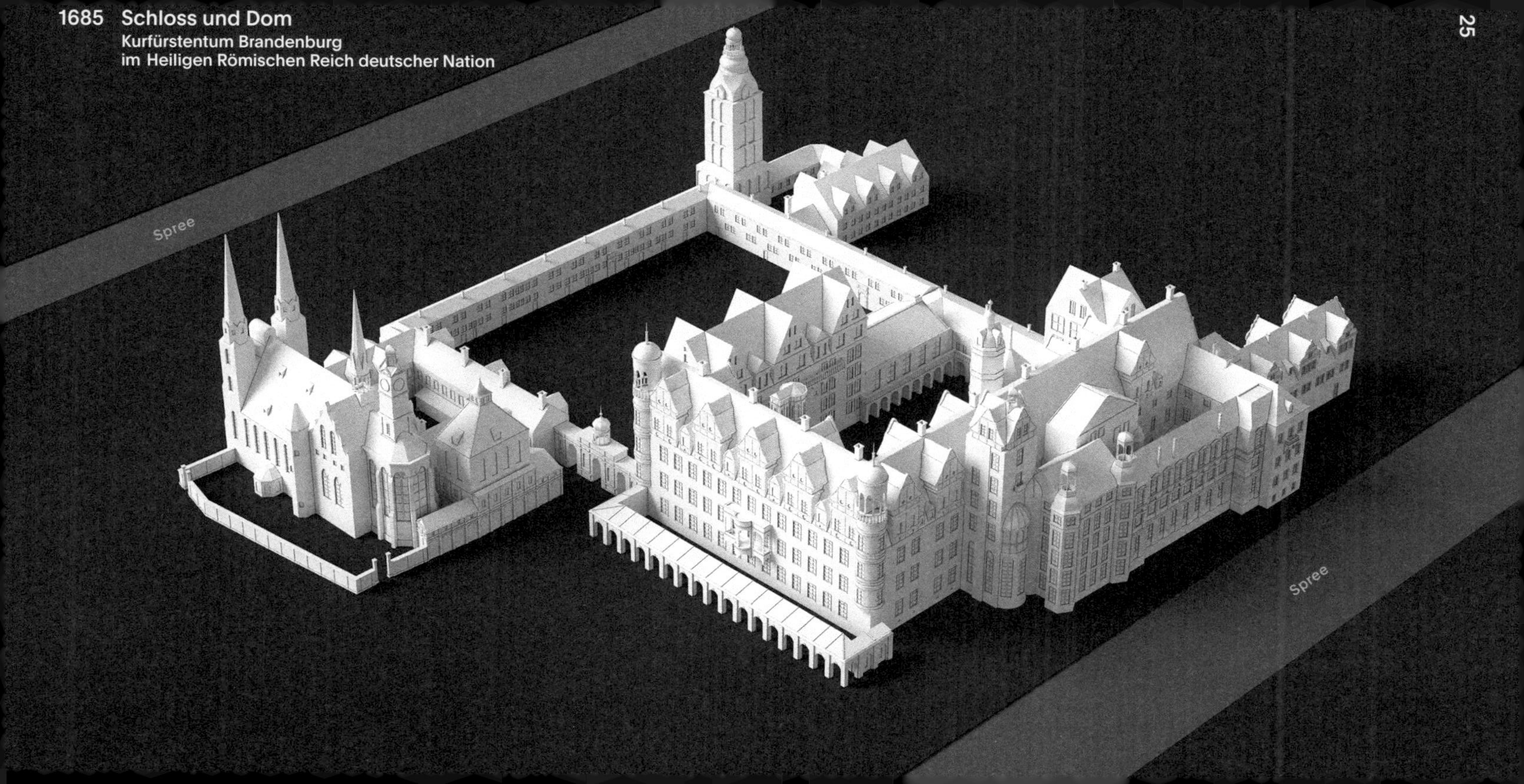

Spree

Spree

Spree

Spree

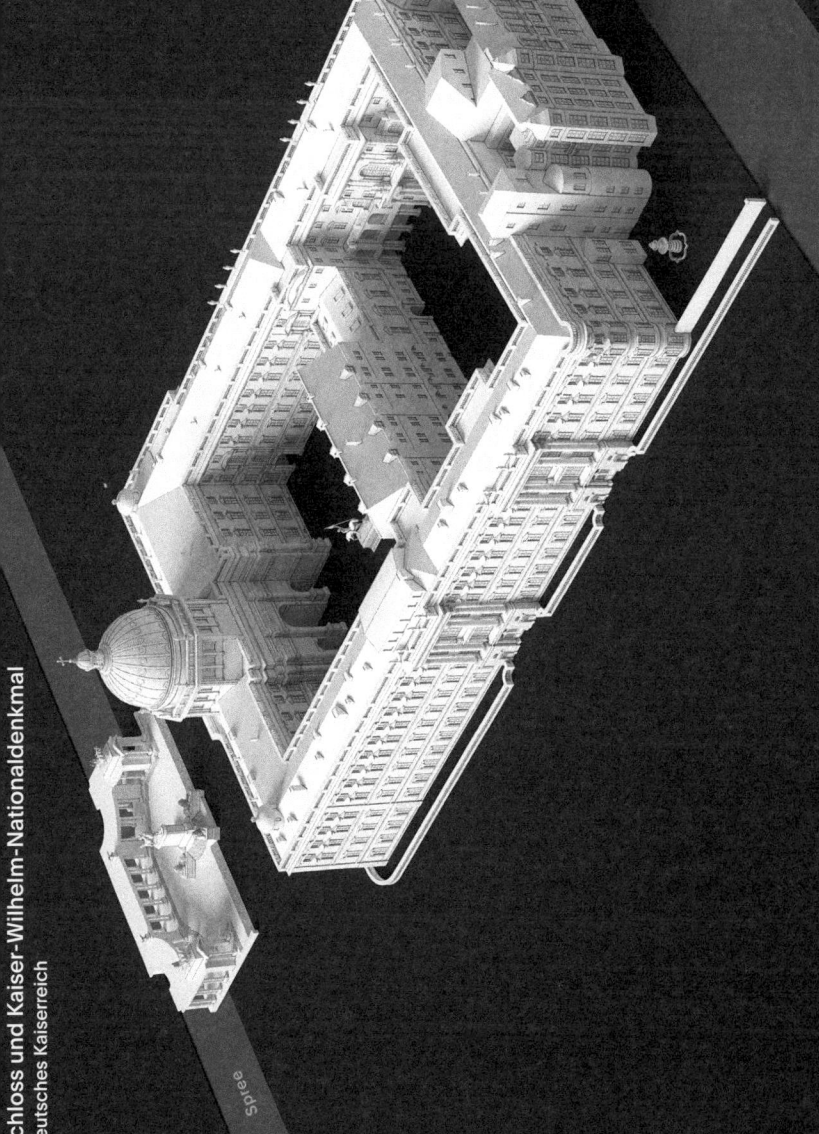

Spree

Spree

1910 Schloss und Kaiser-Wilhelm-Nationaldenkmal
Deutsches Kaiserreich

1945 **Schlossruine und Kaiser-Wilhelm-Nationaldenkmal**
Deutsches Reich

Spree

Spree

1950 Aufmarschplatz mit Tribüne
Deutsche Demokratische Republik

Spree

Spree

1976 Palast der Republik
Deutsche Demokratische Republik

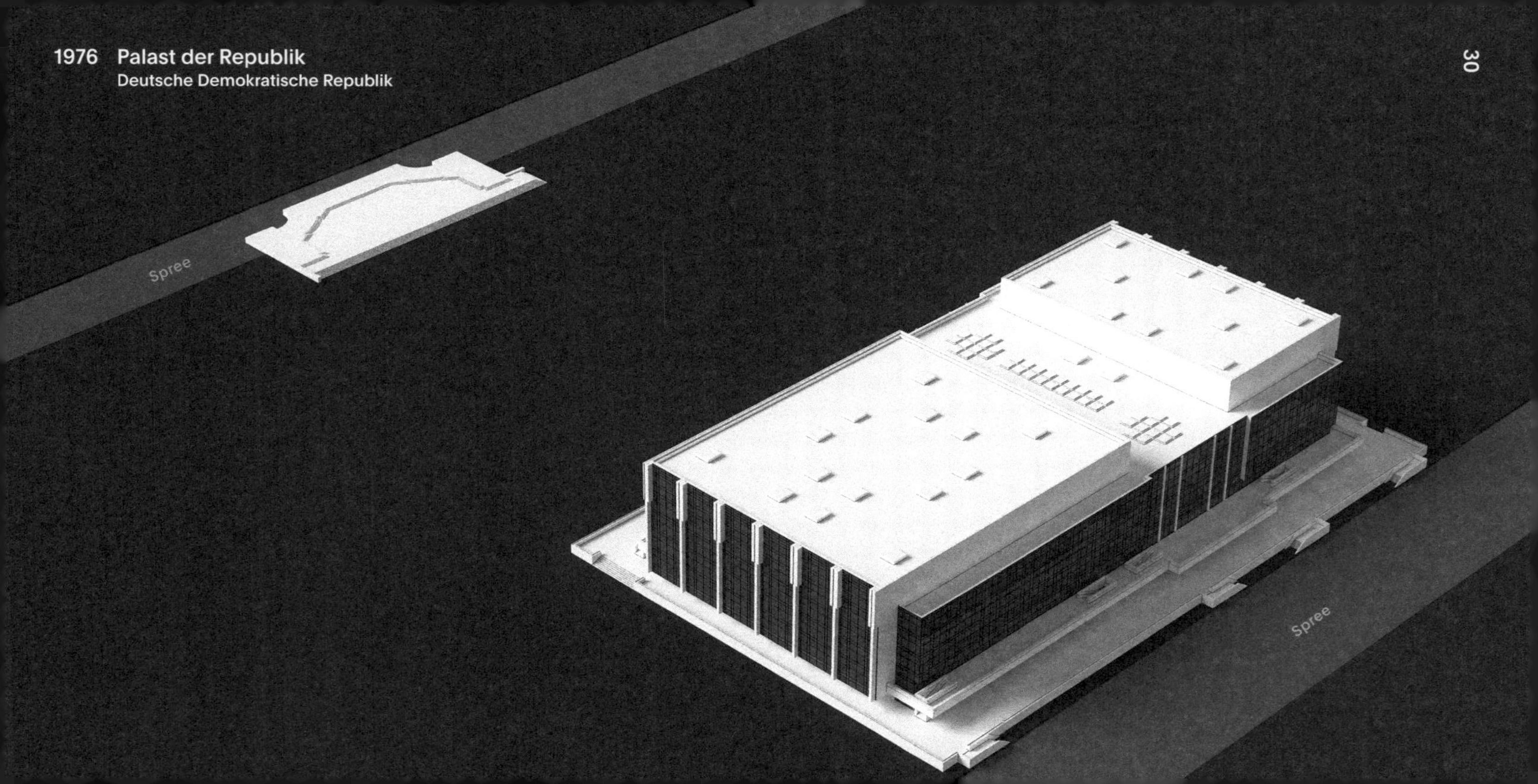

Spree

Spree

spree

2008 Wiese und Grabungsfläche
Bundesrepublik Deutschland

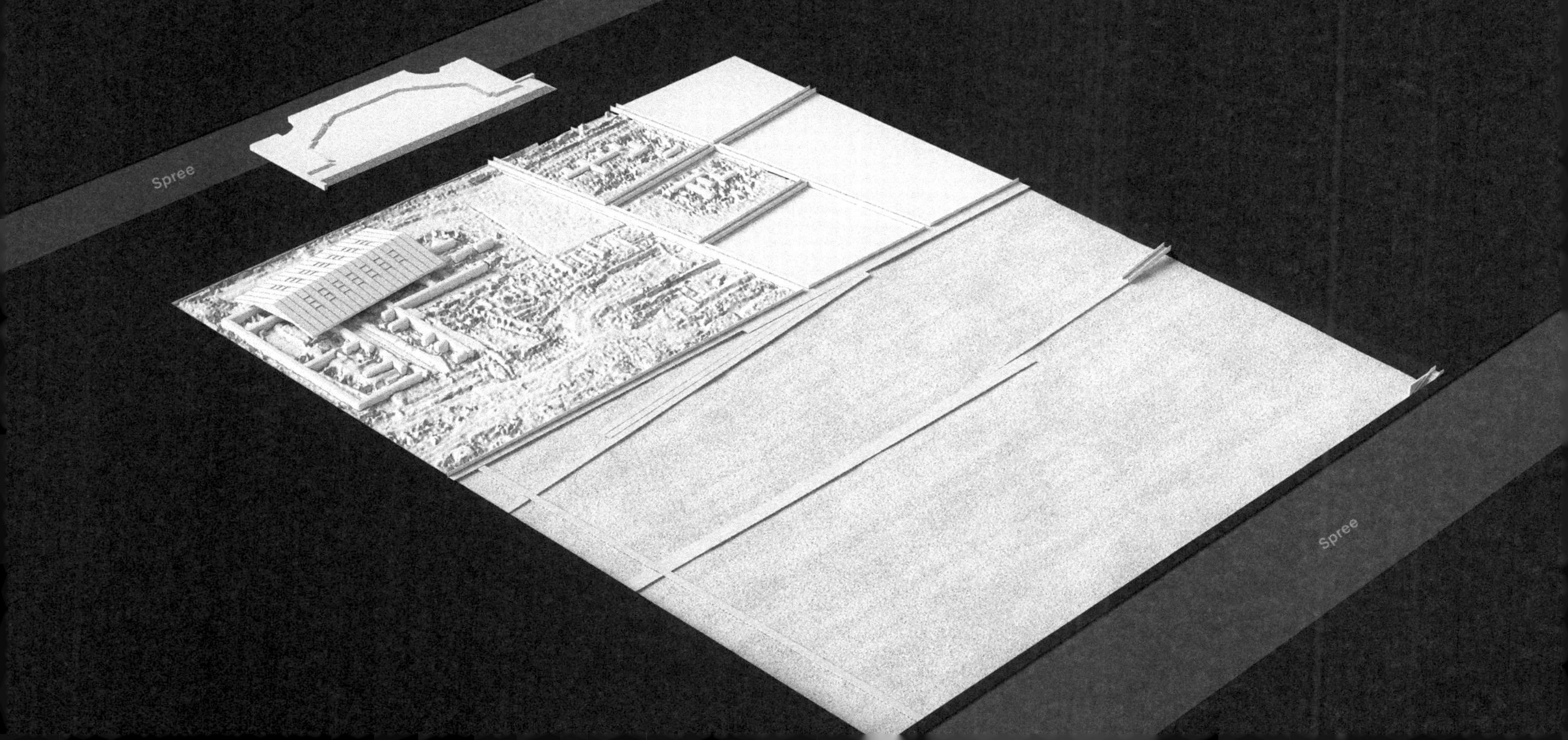

Spree

Spree

Ausstellungsbereiche

SKULPTURENSAAL

SPUREN

Dieser Ausstellungsbereich führt in die über 800-jährige Geschichte des Ortes ein: mit einem vierzehnminütigen Videopanorama, das sich über eine Breite von 27 Metern erstreckt. Eine Collage aus Bildern und Filmen zeigt die Gebäude, die einst hier standen, ihre Nutzungen und wichtige Ereignisse, die hier stattfanden. Sie macht deutlich, dass der Ort über Jahrhunderte repräsentatives Machtzentrum war, symbolisch aufgeladen und oft umstritten. Hier haben Fürsten und Politiker abgerissen, umgebaut oder neu gebaut, um ihre politischen Ansprüche und Visionen auszudrücken. Auch die Gestaltung des Ausstellungsraums mit seinen rohen Betonwänden spielt darauf an, dass dieser Ort immer eine »Baustelle der Macht« war. Eine Besonderheit ist die Vitrine mit dem silbernen Schiffsmodell. Es gehört zu den insgesamt 35 Spuren, die im ganzen Humboldt Forum verteilt an wichtige Aspekte der Ortsgeschichte erinnern.

GESCHICHTE DES ORTES

Videopanorama – »Making of«

800 Jahre Geschichte des Ortes – welche Möglichkeiten gibt es, diese Geschichte in Bildern zu erzählen? Für das Videopanorama trafen die Kuratorinnen und Kuratoren die grundsätzliche Entscheidung, für jeden Abschnitt der Erzählung Darstellungen aus der jeweiligen Epoche zu verwenden, um möglichst nahe an den zeitgenössischen Perspektiven zu sein. Allerdings liegt das Bildmaterial in unterschiedlicher Dichte vor. So gab es vor 1600 kaum Bilder. Danach wurde das Material reich und vielfältig: zunächst waren es Gemälde und Grafiken, ab 1900 überwiegend Fotos und Filme. Das Kuratorenteam wählte gemeinsam mit einem Videokünstler aus 1 500 recherchierten Bildern und Filmen rund 600 aus, die ihnen für ihre Erzählung inhaltlich bedeutsam und aussagekräftig erschienen.

Viele dieser Bilder wurden im Auftrag von Herrschenden produziert. Sie zeigen die Schauseite der Macht und dienten dazu, politische Botschaften zu verbreiten. Auch das soll im Film deutlich werden. Das filmische Leitmotiv der Hände, die mit den Bildern arbeiten, soll – so die Absicht des Kuratorenteams – die Wirkungsmacht der Bilder brechen und dazu anregen, diese kritisch zu betrachten und zu hinterfragen.

Immer wieder sind im Videopanorama Hände in weißen Handschuhen zu sehen, die Bilder auslegen, sortieren, gruppieren oder stapeln. Sie veranschaulichen den Arbeitsprozess des Kuratorenteams: Diese haben große Mengen von Bildern, Filmen und Objekten gesichtet, gedeutet, diskutiert und auf eine spezifische Weise zusammengestellt, um die Filminstallation zu erarbeiten. So schufen sie Zusammenhänge und Deutungsmöglichkeiten.

Hände

Wie kostbare Preziosen erscheinen Details barocker Raumkunst vor einem nachtblauen Hintergrund. Die Collage vermittelt eine Ahnung von der einstigen Pracht des Gesamtkunstwerks Berliner Schloss. Als Material dienten unter anderem Farbdias vom berühmten Rittersaal, einem Meisterwerk Andreas Schlüters. Sie entstanden 1943 als Teil einer Fotodokumentation bedeutender Kunstdenkmäler, die durch den vom Deutschen Reich begonnenen Zweiten Weltkrieg zunehmend bedroht waren. Es waren die einzigen Farbaufnahmen des Rittersaals, der wenig später unwiederbringlich zerstört wurde.

Barock

Nach der staatlichen Einheit 1990 wurde über die Gestaltung der Mitte Berlins heftig debattiert. Das Videopanorama verbildlicht einen zentralen Streitpunkt, indem es zwei gegensätzliche Positionen ins Bild setzt: Die Befürworter einer Schlossrekonstruktion versuchen mit einer Simulation der Schlossfassade zu überzeugen; ihnen gegenüber stehen jene, die für den Erhalt des Palasts der Republik demonstrieren. Mit dem monumentalen Schriftzug »Zweifel« auf dem Dach des Palasts würdigte der norwegische Künstler Lars Ø. Ramberg 2005 die Debatte um die Neubestimmung des Ortes und den Zweifel als eine grundlegende Haltung in gesellschaftspolitischen Fragen.

Streit

Wo beginnt Geschichte und wo hört sie auf? Das Humboldt Forum steht auf einer Insel zwischen zwei Flussarmen der Spree. Bevor das Gebiet von Menschen besiedelt wurde, war es eine Sumpf- und Auenlandschaft mit der dafür typischen Pflanzen- und Tierwelt. Das Videopanorama ist als Loop angelegt, daher ist das Ende des Films zugleich sein Beginn: Naturbilder überlagern die Bilder vom 2020 fertiggestellten Humboldt Forum. Auch dieses Bauwerk ist nicht ewig, sondern schon jetzt Geschichte und Teil eines kontinuierlichen Wandels.

Ohne Anfang, ohne Ende

Ein Schiff für den Kaiser

Nicht viel ist aus den vergangenen Zeiten dieses Ortes übrig geblieben, und ein Großteil der letzten Überreste wurde schließlich mit dem Bau des Humboldt Forums beseitigt. Um trotzdem an die Vorgeschichten zu erinnern, gibt es die Ausstellung »Spuren« mit 35 Objekten, die im ganzen Haus verteilt sind. Sie ermöglichen Einblicke in die repräsentativen, funktionalen und alltäglichen Aspekte der einstigen Gebäude. Im neuen Zusammenhang »Humboldt Forum« ergeben sich überraschende Verbindungslinien und Querverweise zwischen Räumen, Epochen und Themen.

1906   Silber   136,5 × 163 × 82 cm

Das Modell der *HMS Victory,* entworfen von Ferdinand R. Wilm und herge-
stellt von der traditionsreichen Bremer Silbermanufaktur Wilkens & Söhne,
stand einst in der kaiserlichen Wohnung des Schlosses. Es ist eines von zwölf
historischen Schiffsmodellen aus Silber, die Wilhelm II. und seiner Frau
Auguste Viktoria 1906 anlässlich ihrer Silberhochzeit überreicht wurden –
ein Geschenk nautischer Verbände, die dem Kaiser in Dankbarkeit verpflichtet waren. Schließlich trieb dieser den Ausbau der deutschen Flotte in
seinem Streben nach weltpolitischer Führungsrolle dynamisch voran.

Schiffsmodell

Die Kurbrandenburgische Flotte 1684

Guineadukaten auf die Errichtung eines Stützpunkts in Afrika 1681

Angeeignet

Kurfürst Friedrich Wilhelm war die Kunstkammer so wichtig, dass er sie in der Nähe seiner Gemächer im Schloss platzierte. Nach den Verlusten des Dreißigjährigen Kriegs (1618–1648) hatte er die Sammlung neu begründet. Sie umfasste mechanische Instrumente, Antiquitäten, Kostbarkeiten und Kunstwerke, viele davon aus der außereuropäischen Welt. Gelehrte und hochrangige Gäste des Kurfürsten bekamen sie zu sehen: Naturalien und Waffen aus Japan, Indonesien und Sri Lanka, chinesische und japanische Porzellane sowie indische Handschriften. Viele dieser Objekte bezog Friedrich Wilhelm von Kaufleuten der niederländischen Ostindienkompanie aus Amsterdam. Unter seiner Regierung unternahm Brandenburg auch erstmals den Versuch, eigene koloniale Stützpunkte zu etablieren. 1680 schickte der Kurfürst zwei Schiffe in Richtung Afrika, um geeignete Orte für eine Handelsniederlassung zu finden. Außerdem sollten die Expeditionsteilnehmer die Augen nach Objekten für die Kunstkammer offenhalten und sechs jugendliche Afrikaner für den Berliner Hof erwerben. Sogenannte Hofmohren galten als Statussymbol unter den europäischen Fürsten. Nach der erfolgreichen Rückkehr der ersten Schiffe ließ der Kurfürst erfreut den sogenannten Guineadukaten prägen und gründete sogleich eine brandenburgische Flotte, die wieder in Richtung Afrika startete. An der westafrikanischen Küste, im heutigen Ghana, erbauten die Brandenburger die Festung Groß-Friedrichsburg (heute Princes Town).

Neben Gold und Elfenbein waren Menschen die gewinnbringendste afrikanische »Ware« der europäischen Kolonisatoren. Am lukrativen Menschenhandel beteiligten sich auch die brandenburgischen Handelsniederlassungen, vor allem in großem Umfang für die Plantagenbesitzer in Amerika. Die Afrikanerinnen und Afrikaner, die am brandenburgisch-preußischen Hof und im Militär dienten, kamen als Kriegsbeute, als Geschenke von Fürsten oder über den europäischen Handel nach Berlin. Im 18. Jahrhundert lebten am preußischen Hof etwa 30 bis 40 Afrikanerinnen und Afrikaner, und noch bis zum Ende der Hohenzollern-Monarchie 1918 gab es afrikanische Militärmusiker in der preußischen Armee. Die kurfürstlich-königliche Kunstkammer war da schon längst in den universitären und musealen Sammlungen Berlins aufgegangen. Und die Neugier auf unbekannte Welten, die oft auch von Gewalt begleitet gewesen war, verband sich inzwischen mit der imperialistischen Kolonialpolitik des deutschen Kaiserreichs.

Der Schlosskeller ist der einzige Bereich auf dem Areal des heutigen Humboldt Forums, in dem Zeugnisse aus der gesamten Bebauungszeit dieses Ortes – vom Mittelalter bis heute – erhalten sind. Es handelt sich um die südwestliche Ecke der ursprünglichen Kelleranlage. Bei der Errichtung des Humboldt Forums ist dieses Terrain als Ausstellungsbereich ausgebaut worden. Zu sehen sind dort Mauerreste und Fundstücke, die Archäologinnen und Archäologen bei ihrer Grabung zwischen 2008 und 2015 sicherten.

Der historische Schlosskeller war viel höher als die heutigen Kellerräume des Humboldt Forums. Der originale Keller hatte Fenster, denn vor der Erfindung der Elektrizität war Tageslicht notwendig, um in den unteren Räumen arbeiten zu können. Heute beginnt auf dieser Höhe das Erdgeschoss.

SCHLOSSKELLER

Im Untergrund

Pfähle, Mauern, Pfeiler stützten tief im Boden über Jahrhunderte die über ihnen errichteten Gebäude. Die ältesten baulichen Überreste sind Teile eines Klosterkellers aus der Zeit um 1400. Prägend sind die Kelleranlagen des barocken Schlosses, dem fast alle älteren Bauspuren zum Opfer fielen. Nach 1716 änderten sich die Fundamente und Außenmauern nicht mehr, aber im Innern des Schlosskellers wurden neue Mauern eingezogen, Räume umgenutzt und neu ausgestattet. Wasserrohre und elektrische Leitungen verlagerten das Bodenniveau im späten 19. Jahrhundert um einen Meter nach oben. Der Bau des Humboldt Forums zerstörte weite Teile des Schlosskellers und prägt den Ausstellungsbereich »Schlosskeller« mit seinen Betonpfeilern.

1707–1713   Kiefernholz   L 308 cm   Ø 40 cm

Dieser Pfahl ist einer von mehreren Tausend, die vor 300 Jahren in den Bau-
grund getrieben worden sind. Wie das Humboldt Forum stand das Schloss
auf schwierigem Grund, denn im Boden befinden sich nachgiebige Stellen.
Baumeister Johann Friedrich Eosander ließ daher Gründungspfähle bis zu
zehn Meter tief in den Boden treiben, von denen dort noch immer einige erhalten sind. Die Bauarbeiter befestigten die oberen Enden der Pfähle durch
Holzbalken, darüber legten sie Dielen. Diese Konstruktion bildete eine sta-
bile Grundlage für das steinerne Fundament des Schlosses. Heute tragen
40 Meter lange Betonpfähle den Schlosskeller und das Humboldt Forum
darüber.

Gründungspfahl

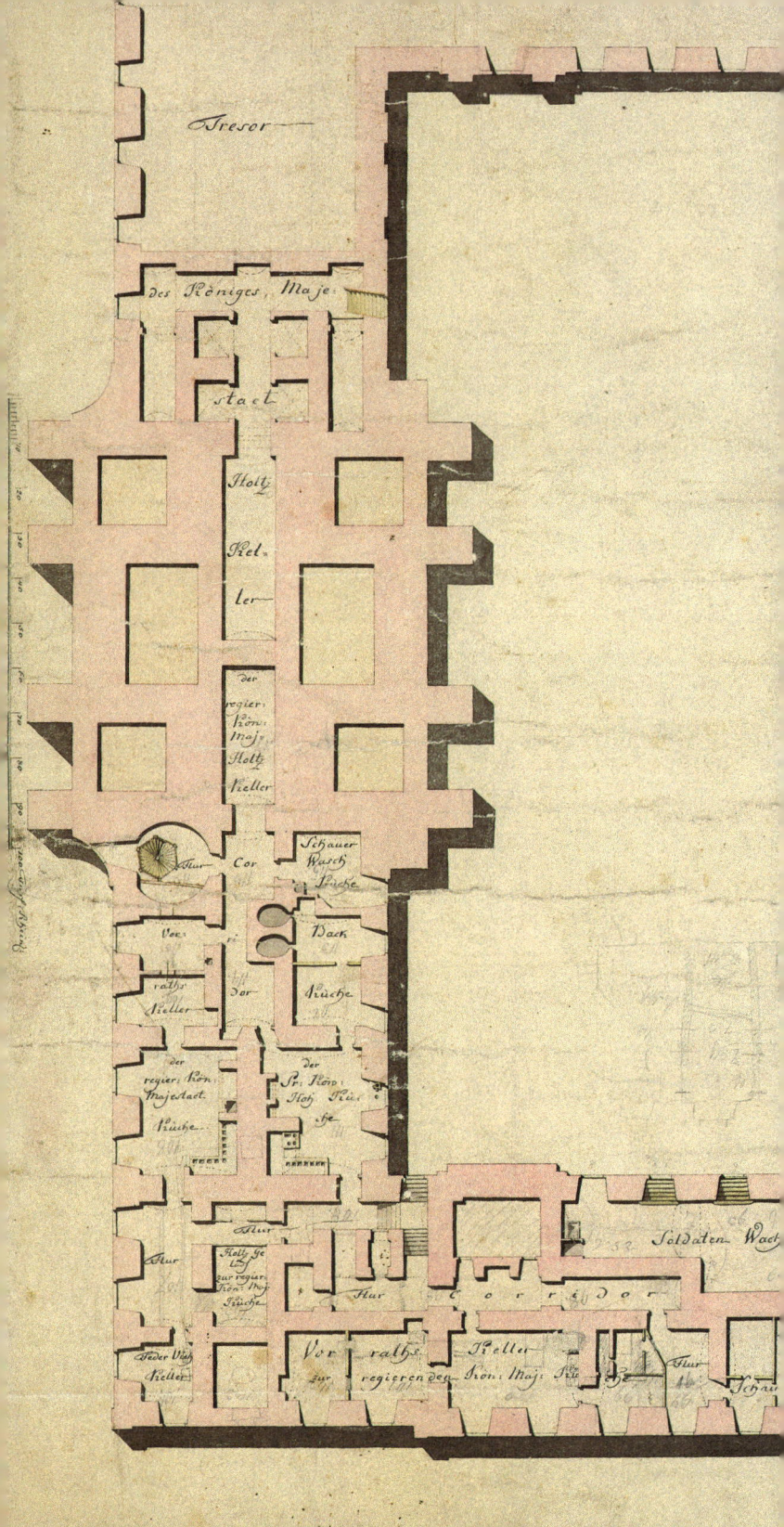

Tresor

des Königes Maje:

staet

Holtz

Kel-

ler

der
regier:
Kön:
Maj:
Holtz
Keller

Flur

Cor

Schauer
Wasch
Küche

Vor

Back

raths
Keller

Vor

Küche

der
regier: Kön:
Majestaet.

der
Pr: Kön:
Holtz Küc-

Küche

he

Flur

Flur

Holtz ge:
zur regier:
Kön: Maj:
Küche

Feder Vieh
Keller

Flur

Corridor

Soldaten Wacht

Vor raths Keller
zur regierenden Kön: Maj: Kü:

Flur

Schau

Um 1710 Back- und Feldstein, Rüdersdorfer Kalkstein und Mörtel

Dies war ein Teil der knapp drei Meter dicken Außenmauer zum Großen Schlosshof, der auf dem <u>Grundriss von 1794</u> zu erkennen ist. Der Durchbruch lässt ihre Massivität erkennen. Sie war notwendig, um die Last der 25 Meter hohen Fassade abzuleiten. Dieser Teil des Gebäudes entstand um 1710 bei einer Erweiterung des Schlosses. Aufgrund ständiger Umbauten und Modernisierungen ist der barocke Fußboden aus dieser Zeit kaum erhalten.

Kellermauer

18./19. Jahrhundert   Backstein, Mörtel und Gusseisen

Eine Rinne aus Ziegeln leitete im 18. Jahrhundert Wasser in die Kanalisation ab, die unter dem Großen Schlosshof lag. Solche unterirdischen Abwasserkanäle gab es an vielen Stellen im Schloss. Dieser gehörte vermutlich zu den Waschküchen, die sich in den Räumen hinter der Schlossmauer befanden. Das dort in großen Mengen verbrauchte Wasser entsorgte der Kanal ebenso wie das Regenwasser von den Dächern des Schlosses. Gusseiserne Rohre ersetzten Ende des 19. Jahrhunderts die gemauerten Kanäle.

Abwasserkanal

2014 Stahlbeton

Um den Neubau des Humboldt Forums zu tragen und zugleich die historischen Kellerräume zumindest in Teilen zu erhalten, wurden im Schlosskeller zahlreiche Betonstützen errichtet. Dort, wo die alte Bausubstanz endet, ragt eine Betonmauer auf. Dahinter beginnen die Kellerbereiche des modernen Baus mit Gebäudetechnik, Löschwassereinrichtung, Garderoben, Umkleideräumen und Toiletten.

Kellermauer

Viele Nutzungen

Früher herrschte in den Kellern reges Treiben. Viele Menschen arbeiteten in den Lagerräumen, Küchen, Waschküchen, Heizräumen und Wachstuben, damit der Alltag in den darüber liegenden Stockwerken reibungslos funktionieren konnte. Mauerreste und archäologische Fundstücke zeugen von den unterschiedlichen Nutzungen der Keller, je nachdem welches Gebäude hier stand: Mönche lagerten Trinkfässer, Mägde rupften Federvieh für die Köche der Königin, Soldaten der kaiserlichen Schlosswache machten hier Pause, Museumsangestellte lagerten Kunstwerke in den Depots.

18. und 19. Jahrhundert   Backstein und glasierte Keramik

Hinter der weiß gekachelten Wand befand sich vor über 200 Jahren ein Federviehkeller, aus dem die Küchenmägde das Geflügel für die Mahlzeiten der Königin holten. Der Raum gehörte ebenso wie die Vorratskammern und Holzlager zur Küche von Königin Friederike Luise, der Frau Friedrich Wilhelms II., deren Wohnräume in den Stockwerken darüber lagen. Für ihre Mahlzeiten sorgten unter anderem ein Küchenmeister, ein Küchenschreiber, ein Mundschenk, zwei Silberdiener, ein Kellerschreiber sowie ein Konditor. Die Fliesen stammen aus der Kaiserzeit, die Küche der Königin gab es da nicht mehr.

Federviehkeller

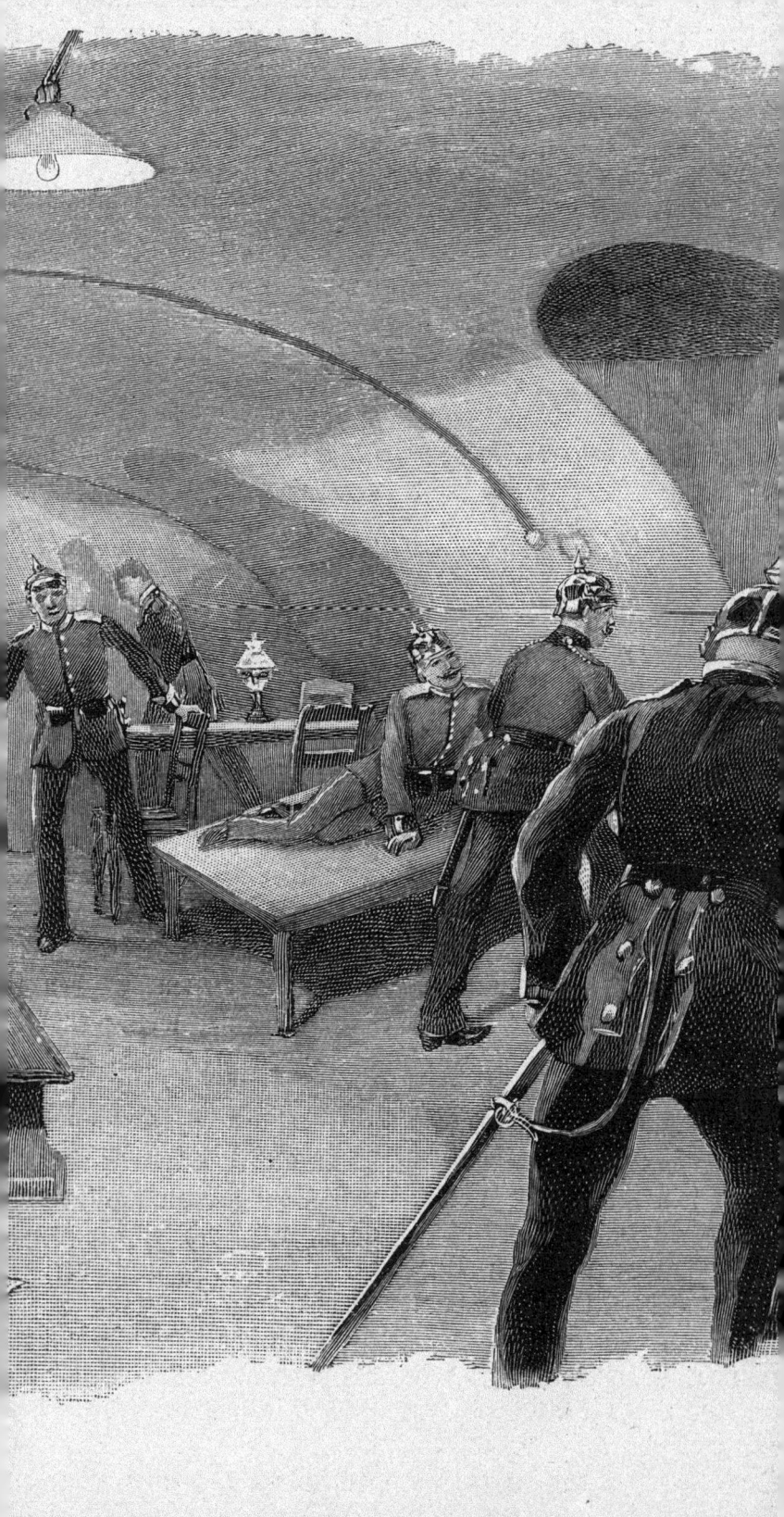

Um 1710 und um 1860   Backstein, Rüdersdorfer Kalkstein und Mörtel

Um 1900 befand sich an diesem Ort die Stube des Kommandanten der Schlosswache. Im Gegensatz zu dem <u>spartanisch eingerichteten Aufenthaltsraum</u> der Soldaten daneben war sie beheizt und mit Dielen ausgestattet. Die Soldaten mussten sich mit weniger Komfort zufriedengeben, legten auch die Uniformen nicht ab, wenn sie sich auf den Pritschen ausruhten. Ihr Dienst im Schloss dauerte 24 Stunden, nach der Wachablösung kehrten sie in ihre Kaserne zurück. Der Marsch der Schlosswachen von der Neuen Wache über die Allee Unter den Linden zum Schloss war bei Berlinerinnen und Berlinern ein sehr beliebtes Schauspiel.

Kommandantenstube

Frühes 16. Jahrhundert   Kalkstein   50 × 29 × 13 cm

Dieses Fragment stammt ursprünglich aus Cremona in Italien. Es gehörte zu einem Grabmal, das 1888 vom Berliner Kunstgewerbemuseum angekauft wurde. Das Museum zog nach dem Ende der Monarchie zusammen mit vielen anderen wissenschaftlichen, sozialen und musealen Institutionen ins Schloss. Es präsentierte in über 70 Sälen seine Sammlungen und nutzte Teile des Kellers als Museumsdepot. Während des Zweiten Weltkriegs brachten die Museumsleute die kostbarsten Exponate außerhalb Berlins in Sicherheit, weniger wichtige Stücke blieben im Keller. So auch das Grabmal.

Reliefplatte

Um 1770   Porzellan   7 × 10 cm

Die Scherbe mit der Darstellung einer Ente gehörte zu einem Geschirr aus der Königlichen Porzellanmanufaktur in Berlin (KPM), das sich einst in der Sammlung des Berliner Kunstgewerbemuseums befand. König Friedrich II. hatte die KPM 1763 gegründet. Für seine Schlösser ließ er hier 41 Tafelservice produzieren, außerdem zahlreiche Geschenke. Viele dieser Porzellane wurden später Sammlungsobjekte des Berliner Kunstgewerbemuseums. Auf diese Weise fanden KPM-Stücke den Weg zurück ins Berliner Schloss, als das Museum 1921 dort einzog.

Porzellanscherbe

1932   Eisenblech und Emaille   35 × 35 cm

Das Hinweisschild stammt aus den 1930er-Jahren, als das Schloss einem breiten Publikum zugänglich war. Seit dem Ende der Monarchie gab es viele Nutzer im Schloss, sowohl Institutionen wie das Kunstgewerbemuseum als auch private Mieter. Alle, die hier lebten, arbeiteten oder zu Besuch kamen, mussten sich in den weit über 1000 Räumen des Schlosses mit seiner Vielzahl von Eingängen, Treppenhäusern, Zwischengeschossen und Fluren zurechtfinden. Das amtliche Schild der Deutschen Reichspost wies den Weg zu einem öffentlichen Fernsprecher.

Hinweisschild

Stadtleben im Mittelalter

Dort, wo heute das Humboldt Forum steht, war im Mittelalter ein Wohnviertel der Doppelstadt Berlin-Cölln. Hier lebten selbstbewusste Bürgerinnen und Bürger, hier arbeiteten und vergnügten sie sich. Ihre Häuser und Gärten grenzten an den Stadtwall. Aus dieser Zeit existieren viele Zeugnisse aus dem Alltagsleben, die bei archäologischen Grabungen zutage kamen. Ein Teil des Stadtviertels wurde im späten 13. Jahrhundert für den Bau eines Dominikanerklosters abgerissen, der andere Teil ab 1443 für den Bau des ersten Schlosses beseitigt.

13. Jahrhundert   Keramik   Ø ca. 3 cm

Dieser Wirtel verweist auf eine Alltagsbeschäftigung der Menschen im 13. Jahrhundert: das Spinnen von Wolle. Er ist einer von sehr vielen Wirteln, die Archäologinnen und Archäologen während der Grabungen fanden, die vor dem Bau des Humboldt Forums von 2008 bis 2015 durchgeführt wurden. Die große Zahl der Wirtel ist unter anderem ein Beleg für die wachsende Bevölkerung Cöllns im 13. Jahrhundert.

Spinnwirtel

13. Jahrhundert   Knochen und Blei   Ø ca. 3 cm
Dieser Kreiselwürfel hat einen feinen Riss auf der Fünfer-Seite. Vermutlich warf ihn seine Besitzerin oder sein Besitzer deshalb weg. Dabei war seine Herstellung ziemlich aufwendig gewesen. Damit sich der ursprünglich mit einem hölzernen Griff und Drehachse versehene Würfel gleichmäßig drehen konnte, mussten seine Seiten und der mit Blei gefüllte Hohlraum perfekt ausbalanciert werden. Dafür war großes handwerkliches Geschick nötig.

Kreiselwürfel

13. Jahrhundert   Keramik   H 15 cm   Ø Rand 11 cm

Der Topf mit gewölbtem Boden konnte ins offene Feuer gestellt werden
ohne umzukippen. In solchen Töpfen wurden Gerichte aus Getreide, Fleisch,
Kräutern und Erbsen zubereitet. Dies belegen Latrinenreste. Die Stadt-
bewohnerinnen und -bewohner im 13. Jahrhundert bauten viele Nahrungs-
mittel selbst an; einige hielten auch Vieh. Zu ihren Häusern am Stadtrand
gehörten häufig eigene Gärten. Vor den Toren der Stadt lagen Felder.

Kugeltopf

Mönche bei der Arbeit

Im späten 13. Jahrhundert kamen Dominikanermönche in die aufblühende Doppelstadt Berlin-Cölln.
Am Stadtrand von Cölln errichteten sie eine weit-
läufige Klosteranlage. Von ihr ist nur noch ein Keller-
raum aus dem 14./15. Jahrhundert erhalten, der
Reste einer Heizanlage aufweist. Der Bau entbehrte
also nicht eines gewissen Komforts, dabei waren die
Mönche einem Leben in Armut verpflichtet. Dass sie
den Klosterbau mitsamt Heizanlage errichten konnten, verdankten sie Spenden vom Herrscherhof und
von der Stadtbevölkerung. Das Wirken der Dominikaner endete 1536, als der Kurfürst befahl, ihr Kloster
aufzulösen. In den folgenden zwei Jahrhunderten
wurden für die stetige Erweiterung des Schlosses die
Klostergebäude und die Kirche mehrfach umgebaut
und schließlich abgerissen. Das alte klösterliche Baumaterial verwendeten die Baumeister gerne für die
Arbeiten am Schloss weiter.

14. Jahrhundert   Backstein   28 × 15 × 11 cm

Der Backstein mit dem erkennbaren Schuhabdruck stammt aus dem Dominikanerkloster. Vielleicht markierte ein Handwerker im 14. Jahrhundert auf diese Weise sein Tagespensum. Kirche und Kloster wurden aus Backstein errichtet, einem gern verwendeten Baumaterial, da es sich vor Ort produzieren ließ. Die Herstellung war allerdings aufwendig und kostenintensiv. Neben Spenden erwirtschafteten die Mönche die dafür benötigten Geldmittel auch mit ihrer geistlichen Arbeit. Für Totengedenken, Beichten oder Bestattungen zahlten die Gläubigen Gebühren.

Ziegel

14. Jahrhundert   Backstein   H 16 cm   Ø 28 cm

Dieser verzierte Backstein stammt vermutlich aus dem Kreuzgang des
Dominikanerklosters. Eingefügt in den Scheitelpunkt eines Gewölbes
hielt er die ganze Konstruktion. Der Kreuzgang erschloss die wichtigsten
Bereiche des Klosters. Hier versammelten sich die Mönche, um zu Chor-
gebet und Gottesdienst in die Kirche einzuziehen. Von hier erreichten sie
ihren wichtigsten Versammlungsaal, die Sakristei mit Messgewändern
und liturgischem Gerät, den Speisesaal und wohl auch die Bibliothek des
Klosters. Gleichzeitig nutzten die Dominikaner den Kreuzgang als Ort der
Besinnung und für geistliche Lesestunden.

Schlussstein

14./15. Jahrhundert Bronze 10 × 9 × 4,5 cm

Den Zapfhahn in Form eines Hahns fanden Archäologinnen und Archäologen im einstigen Keller des Dominikanerklosters. Er lässt darauf schließen, dass die Mönche in dem Raum Fässer lagerten. Wurden Fässer angeliefert, so rollte man sie über eine Rampe vom Wirtschaftshof in den Vorratskeller hinab. Das Material des Zapfhahns sowie das christliche Symbol des Hahns könnten darauf hinweisen, dass sich in diesen Fässern Messwein befand.

Zapfhahn

Dionysij areopagite episcopi athenaꝝ ad Timo-
theum episcopū.de celesti hierarchia.

Angelice sapientie fulgoꝛes multos proiecisti ho-
minibus.manifestasti videre animo cōpositam pul-
critudinem.

Incipit liber Dionysij celestium hierarchiaꝝ cō-
presbitero Timotheo Dion ysius presbiter.

Capitulum primū

Nm ois diuina illuminatio fm bonitate varie in
preuisa proueniens manet simpla.ꝫ nō hoc solū.sed
ꝫ viuificat illuminata.

Mne datum op-
timū.ꝫ omne donum ꝑfectū de
sursum est descendēs a patre lu-
minū.Sed ꝫ omnis patre mo-
to manifestatiōis luminū pro-
cessio in nos optime ac large
prouenieis . iteꝝ vt vnifica vir-
tus restituens nos replet ꝫ cōuertit ad congregātis
patris vnitatē ꝫ deificam simplicitatē.Eteni eꝛ ipo
omnia ꝫ in ipm. vt diuinū ait verbum.Ergo iesum ī
uocantes paternū lumen qd̄ est quod verū. quod il-
luminat oēm hominē venientem in hunc mundum
Per quē ad pꝛincipale lumē patrem accessum habui-
mus in sacratissimoꝝ eloquioꝝ patre tradiras illu-
minatiōes.quantū possibile est respicicimus .ꝫ abip-
sis symbolice nobis ꝫ anagogice manifestatas celestium animoꝝ hierarchias.quātum potentes sum-
considerabimus. Et pꝛincipalem ꝫ supprincipalem
diuini patris claritatem.que angeloꝝ nobis in figu-
ratis symbolis manifestat beatissimas hierarchias
immaterialiby ꝫ nō trementiby mētis oculis respiciē-
tes.iteꝝ eꝛ ipa in simplū suum restituimur radiuꝝ.

neat ad inuisibiliū demonstrationē.quoniā sicut omne bonū a sūmo bono est:ita in omni bono fm emulationē participariōis summū bonū contemplari pōt. Ideoꝙ theologiā cōuenie-
ter eꝛ omni specie ꝫ foꝛma ꝫ qͣlitate sensibili inuisibiliū significatōem ꝓfoꝛmare.Et hic ꝫ sen-
sus pꝛimi capituli.

p liber dionysij areo-
pagite qui de cele-
sti hierarchia. id ē. celesti pꝛn-
cipatu inscribitͬ quindecim
capͭlis contextus est. In qͣ-
bus celestiū spirituū dona:
et officia: virtutes ꝫ operatio-
nes per singulos oꝛdines et
gradꝰ ꝫ distributiōes ꝫ dif-
ferentias diligēter enume-
rat. Titulus aūt primi ca-
pituli est | Quoniā ois di-
uina illuminatio fm boni-
tate varie in preuisa proueniens manet simpla. ꝫ nō b
solum: sꝫ ꝫ viuificat illuminata.]Ipa enim gratia diuina illuminatio est.ꝫ ipsa dona gratie lumina sunt illu-
minatia eos ꝙ se participat
et oīs gͬa fonte ab vno de-
scendit. ꝫ oīs illuminatio
abvno lūine. ꝫ mͭti sūt radij
et vnū lumē. ꝫ spgit se vnū
lumͭͣ vt mͭtoꝛ illūinet ꝫ lucēt
illuminati multi. ꝫ nōvidet
nisi vnū lumē. ꝫ fiunt vniꝫ
lumen in lumine vno. Ta-
li similitudine mōstrat theolo-
gia quō vnum bonū mͭtis
se participandum ꝑber: vt
vnum sint in illo:qͤ vnā tra-
bunt similitudinē eꝛ illo. De-
inde prosequitͬ theologus ꝫ
ostendit. ꝙ inuisibilis gratie operatiōnes. ꝫ donoꝛ inuisibiliū distributiōes:non nisi visibiliū signis ꝫ simili-
tudiniby possunt demōstra-
ri aut intelligi. Et ꝙ omnis
species visibilis ꝫ sensibilis
natura:aliquā similitudinē te

Expositio hugonis super celestem hierar.

Mne datum optimū.et omne donū perfectū desursum est descen-
dens a patre luminū J Auctoritate aͭplica ꝫ diuine
theologie pͣmū pꝛobat omne bonū cͤ a summo bono.Deinde eꝛ sua subiūgit sͤnia
omne bonū respicere ꝫ refundi ad summū bonū.qꝫ sicut vnum in multis partiᵻ
cipatōe diuiditͬ:ita multa in vno silitudine ꝫ vnione ꝫ imitatiōe vniuntͬ.Data optima dona

b

14./15. Jahrhundert   Bronze   6 × 2 × 0,5 cm

Buchschließen verhinderten, dass Bücher aufklafften und schützten so kostbare Papiere und Pergamente vor Licht, Staub und Feuchtigkeit. Sie sind unscheinbare Überbleibsel der einst bedeutenden Klosterbibliothek. Für die theologisch gut ausgebildeten und als Prediger geschulten Dominikaner war eine umfangreiche Bibliothek besonders wichtig. Wenige Bücher sind erhalten. Sie befinden sich heute in der Berliner Staatsbibliothek und der Universitätsbibliothek Halle – wie dieses Werk, das einst eine Cöllner Witwe dem Kloster schenkte.

Buchschließe

Zur ewigen Ruhe

Hier ließ man sich über Jahrhunderte gerne begraben. Diese Tradition des Ortes begann im Mittelalter mit der Ankunft der Dominikaner, deren Kloster vor allem bei der Stadtbevölkerung als Begräbnisstätte beliebt war. Um die Mitte des 16. Jahrhunderts – die Klostergemeinschaft war mittlerweile aufgelöst – begannen die Hohenzollern die Kirche als ihre Hausgrablege zu nutzen. Wer am Hof und in der Stadt Rang und Namen hatte, konnte nun mit einem Begräbnis auf dem Areal seine Nähe zum Herrscherhaus demonstrieren. Die Gräber um die Kirche mussten Anfang des 18. Jahrhunderts dem barocken Schlossbau weichen. Die Gebeine wurden nicht umgebettet, sondern in Kellerkammern zusammengelegt. Die Sarkophage der Hohenzollern kamen mit dem Abriss der Kirche 1747 in den neuen Dom am Lustgarten.

14./15. Jahrhundert Bronze 1,5 × 3,5 × 1 cm

Die Schließe hielt einst ein Totenhemd. Der Verstorbene hatte wahrschein-
lich in der Doppelstadt Berlin-Cölln gelebt und wurde auf dem Areal des
Dominikanerklosters begraben. Wer er war, sein Name und seine soziale
Stellung, sind unbekannt. Das Klosterareal war ein bevorzugter Begräbnis-
ort der Stadtbevölkerung. Die Gebete der Mönche für die Toten versprachen
Seelenheil. Die Gebühren wiederum, die man für ein Begräbnis an diesem
Ort entrichtete, trugen zur Finanzierung der Bettelmönche bei, die zu
Armut und Besitzlosigkeit verpflichtet waren.

Hemdschließe

GLORIÆ IMMORTALI
VIRTUTIBUS PARI
SOPHIÆ CAROLINÆ
CONIUG. QUOND. SUÆ
INCOMPAC. DULCISS.
FRIDERICUS
R. BORUSS.
HOC TRIUMPHALE
MAUSOLEUM
ETC. ETC.

17. Jahrhundert   Gold mit Emailleüberzug   Ø 2 cm

Dieser Ring mit einem französischen Sinnspruch zierte die Hand einer unbekannten Toten. Bestattet wurde sie im Kirchhof unweit der Grablege der Hohenzollern in der Stiftskirche. Dort ließ die Herrscherfamilie prachtvoll ihre Begräbnisse inszenieren, wie das Beispiel der Aufbahrung der ersten preußischen Königin Sophie Charlotte zeigt. Dass die Unbekannte an dieser Stelle beigesetzt wurde, lässt auf ihre Herkunft aus einer einflussreichen, wahrscheinlich adeligen Familie schließen.

Ring

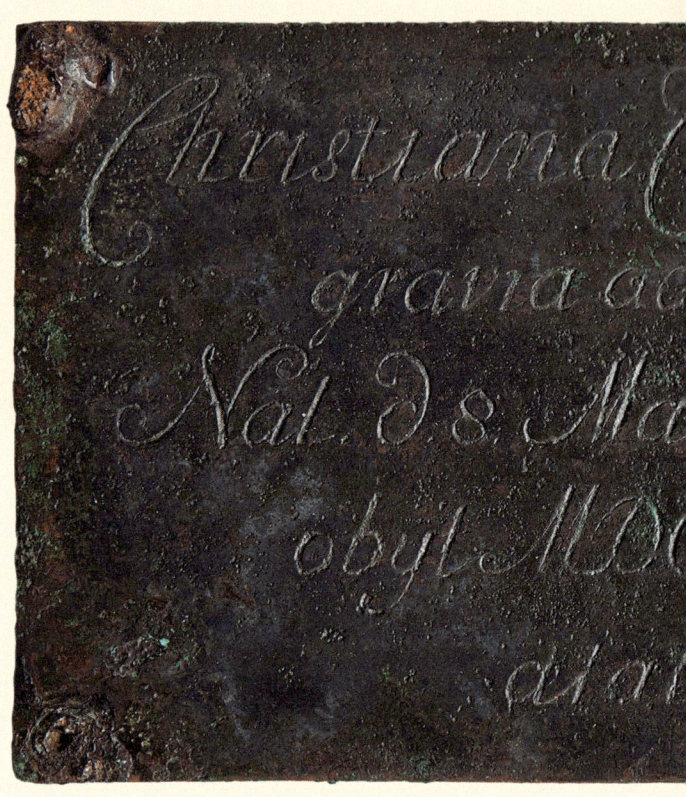

1696 Kupferlegierung 7,9 × 15,5 × 1,5 cm

Auf der schlichten Tafel eines Kindersarges ist ein großer Name zu lesen: Charlotte Christiane von Dohna. Die Familie des Mädchens gehörte zu den vornehmsten des Landes. Ihr Vater bekleidete höchste Regierungs- und Militärämter am brandenburgisch-preußischen Hof. Wie die Hohenzollern waren die Dohnas reformierten Glaubens. Die Beisetzung Charlotte Christianes an diesem besonderen Ort zeugt vom hohen Ansehen, das das Geschlecht genoss.

Sargbeschlag

Heizen für Kloster, Schloss und Ost-Berlin

Der Keller spielte zu allen Zeiten eine wichtige Rolle für das Beheizen der Gebäude. Ob Mönche für eine mittelalterliche Zentralheizung Feuer entfachten oder Schlossdiener Brennholz für Kachelöfen lagerten, ob Heizer die Kessel für die Heizungsanlagen des kaiserlichen Schlosses befeuerten oder Bauarbeiter Fernwärmeleitungen für Ost-Berlin verlegten – die Heiztechnik wandelte sich im Laufe der Jahrhunderte immer wieder. Die ausgeklügelte und effiziente Steinkammerluftheizung, wie sie die Dominikaner hatten, gab es im Mittelalter nur in Klöstern und Burgen. Ebenso exklusiv und hochmodern für ihre Zeit war die Niederdruckdampfheizung, die unter Kaiser Wilhelm II. für den Weißen Saal eingebaut wurde. Ihre Warmluft war sauberer und damit war die Anlage – so Schlossbaumeister Albert Geyer – »einer Gesellschaft mit feingestimmten und empfindlichem Nervenleben angepasst«.

14./15. Jahrhundert   Keramik   4,9 × 15 cm

Die ehemals runde Keramikplatte stammt vermutlich von einer Steinkammerluftheizung aus dem Dominikanerkloster – einer scheinbar simplen, aber genialen Konstruktion. Mönche entfachten in einer Brennkammer Feuer, um die darüber liegenden Steine zu erhitzen. Zwischen den heißen Steinen erwärmte sich Frischluft und strömte durch Leitungen in die Räume der oberen Etagen. Damit dort kein Rauch eindringen konnte, verschlossen die Mönche während des Brennvorgangs die Öffnungen des Heißluftkanals mit Verschlussdeckeln.

Verschlussdeckel

2. Hälfte 16. Jahrhundert   glasierte Keramik   7 × 7,5 × 1 cm

Die Ofenkachel mit einem Herrscherporträt schmückte einen Kachelofen der
Renaissancezeit, der vermutlich Anfang des 17. Jahrhunderts bei Umbauten
zerstört wurde. Für die Gestaltung der Ofenkacheln griffen die Handwerker vielfach auf überlieferte Motive zurück. Diese verwiesen häufig auf
die politischen und religiösen Überzeugungen der Auftraggeber. In protes-
tantischen Gebieten wurden oft fürstliche Unterstützer des protestanti-
schen Glaubens dargestellt.

Kachelfragment

IVDIT

Spätes 17. / frühes 18. Jahrhundert   glasierte Keramik   16,5 × 14 × 2 cm

Kachelöfen verdrängten im 16. Jahrhundert die bis dahin in Schlössern und Klöstern üblichen Steinkammerluftheizungen. Auf dieser Ofenkachel ist Judith mit dem abgeschlagenen Haupt des Feldherrn Holofernes darge-stellt – ein gern verwendetes biblisches Sinnbild für die mutige Verteidigung des »wahren« Glaubens. Christliche Bildmotive waren beliebt als Schmuck für Ofenkacheln, verwiesen sie doch auf die Religiosität des Herrschers. Die brandenburgischen Kurfürsten waren seit 1539 Protestanten und standen damit im Konflikt zur katholischen Kirche und zum Papst in Rom.

Kachelfragment

1894 Gusseisen, Stahlblech und Bronze Ø 150 × 90 und 100 × 50 cm

Der Ventilator war Teil einer Niederdruckdampfheizung, die der technik-
begeisterte Kaiser Wilhelm II. 1894 für den Weißen Saal einbauen ließ. Von
Heizern mit Kohle befeuert, sorgte das moderne Heizsystem nicht nur für
Wärme, sondern mithilfe von Ventilatoren auch für Frischluft. Durch die
Heizung, die 50 Jahre zuvor sein Großvater in Auftrag gegeben hatte, war mit
der Warmluft auch Ruß in den Saal geleitet worden. Dank der neuen Anlage
verließen ihn die Gäste nun nicht mehr mit schmutzigen Kleidern.

Ventilator

1960er-Jahre

1950 hatte die DDR-Regierung die Ruine des Berliner Schlosses sprengen und seinen Keller mit Bauschutt auffüllen lassen, um darüber einen Aufmarsch-platz anzulegen. Als man in den 1960er-Jahren in Ost-Berlin Fernwärme-leitungen verlegte, nahmen die Bautrupps keine Rücksicht auf die Schloss-mauern im Untergrund: Sie schlugen breite Schneisen in die historische Substanz, heute noch ablesbar an einer großen Fläche im Ausstellungs-bereich »Schlosskeller«, die völlig frei von alten Mauern ist.

Fernwärmeschacht

Abriss und Neubeginn

Unter großen Anstrengungen wäre ein Wiederaufbau des kriegsbeschädigten Berliner Schlosses ebenso möglich gewesen wie der des vom Asbest befreiten Palasts der Republik. In beiden Fällen bestand jedoch die Absicht, mit einer Neugestaltung ein politisches Zeichen zu setzen. Und in beiden Fällen dauerte die Diskussion darüber, wie diese aussehen solle, viele Jahre. Die Entscheidungen, die letztlich getroffen wurden, zeugen von den unterschiedlichen Traditionsbezügen. Nachdem die SED-Parteispitze ursprünglich ein zentrales Regierungshochhaus favorisiert hatte, entschied sie sich 1973 für ein öffentlich zugängliches »Volkshaus« in moderner Formensprache, das die fortschrittliche, weltläufige DDR symbolisieren sollte. Der Deutsche Bundestag stimmte 2002 für einen Wiederaufbau des Berliner Schlosses und damit für eine Wiederherstellung eines städtebaulichen Zusammenhangs, dessen Legitimation und Funktionalität nicht hinterfragt wurden. In der Öffentlichkeit war und ist dieser Beschluss umstritten, da die rekonstruierte Architektur als einseitiger Rückbezug auf die Tradition der preußisch-monarchischen Geschichte gesehen werden kann. Die Entscheidung, in diesem Gebäude die ethnologischen und asiatischen Sammlungen der Staatlichen Museen zu Berlin zu zeigen, wurde als eine Geste der Weltoffenheit entgegengesetzt.

1950

Krater, geborstene Wände und Trümmerteile lassen die enorme Kraft der Sprengungen erahnen, die das Schloss zerstörten. 1950 hatte die DDR-Regierung entschieden, die Schlossruine abreißen zu lassen. An ihrer Stelle plante sie einen großen Platz für Aufmärsche, die den »Kampfes- und Aufbauwillen« des Volkes demonstrieren sollten. Vor dem Abriss wurde ein Wissenschaftliches Aktiv unter Leitung des Kunsthistorikers und Denkmalpflegers Gerhard Strauß beauftragt, die Ruine zu dokumentieren und einzelne Stücke zu bewahren. Da der Platz zu den 1.-Mai-Feierlichkeiten 1951 fertiggestellt sein musste, blieb ihnen zu wenig Zeit, um viel zu retten.

Sprengloch

Zwischen 1950 und 1976   Aluminium   L ca. 20 cm

Das Messer ist ein in der DDR hergestelltes Massenprodukt. Vielleicht gehörte es einem der Arbeiter, die auf den verschiedenen Baustellen zwischen 1950 und 1976 tätig waren – nach dem Abriss des Schlosses Anfang der 1950er-Jahre oder bei den Räumungsarbeiten in den 1970er-Jahren.

Messer

Aufbewahrungskiste mit archäologischen Funden   um 2010

Ausgrabungen am Schlossplatz   2009

Alles, was heute im Schlosskeller des Humboldt Forums zu sehen ist, wurde zwischen 2008 und 2012 von Archäologinnen und Archäologen freigelegt. Ihre Arbeit auf dem 15 000 Quadratmeter großen Gelände zwischen dem ehemaligen Staatsratsgebäude und dem Lustgarten war eine der größten in Berlin jemals durchgeführten Grabungen. Sie umfasste ein Areal, das im 12. Jahrhundert besiedelt und seitdem auf unterschiedlichste Weise genutzt worden war. So überlagerten und überschnitten sich hier Schichten und Spuren aus vielen Jahrhunderten: die mittelalterliche Stadtbefestigung, Häuser und Brunnen, das Dominikanerkloster, die spätere Stiftskirche bzw. der Dom mit fürstlicher Grablege, der barocke Schlossanbau bis hin zur DDR-zeitlichen Fernwärmeleitung.

Viele der gefundenen Objekte sind heute im Museum für Vor- und Frühgeschichte auf der Museumsinsel ausgestellt. Andere Funde werden im Humboldt Forum präsentiert. Im Ausstellungsbereich »Schlosskeller« ist ein Teil der freigelegten Flächen erhalten und öffentlich zugänglich – ein Glücks- und in der Archäologie kein Normalfall.

Moderne Archäologinnen und Archäologen sind keine verwegenen Schatzsucher wie Lara Croft oder Indiana Jones. Weniger Wagemut als vielmehr Geduld und Genauigkeit zeichnen sie aus. Man gräbt bei jedem Wetter, mit wenig Schutz vor Sonne und Regen, meist auf den Knien – manchmal mit Schaufel und Hammer, häufiger mit Spitzkelle, Spatel oder Pinsel. Jeder Befund wird genauestens dokumentiert, sodass sich im Idealfall jeder Quadratzentimeter wieder über digitale Programme mit Pixelwolken simulieren lässt. In ihren Befunden, den Totenstätten, Kochstellen und Müllhaufen der Vergangenheit, lesen die Archäologinnen und Archäologen wie in einem Buch. Dabei übersehen sie manchmal etwas, verstehen etwas nicht, finden manches unbedeutend, dafür anderes besonders wichtig – ganz nach Interesse. Mitarbeiterinnen und Mitarbeiter sowie Studierende des Studiengangs Industriearchäologie der Hochschule für Technik und Wirtschaft in Berlin-Oberschöneweide bargen Teile der Heiz- und Elektroanlagen, die unter Kaiser Wilhelm II. im Schlosskeller eingebaut worden waren. Für sie war der möglicherweise älteste Stromkasten der Welt erhaltenswert. Ein an den Altertümern Griechenlands geschulter klassischer Archäologe hätte ihn womöglich fortgeworfen.

Der Skulpturensaal, ein Raumentwurf des italienischen Architekten Franco Stella, entspricht in seinen Maßen dem barocken Großen Treppenhaus des Berliner Schlosses, das sich einst an dieser Stelle befand. Gezeigt werden hier Fragmente des Schlosses aus mehreren Jahrhunderten. Viele davon waren Teile des barocken Fassadenschmucks, den der aus Danzig (heute Gdańsk in Polen) stammende Schlossbaumeister Andreas Schlüter entworfen hat. Dazu gehörten auch sechs kolossale Figuren, die einst das Hauptportal des Innenhofs bekrönten. Wenn die Besucherinnen und Besucher des Humboldt Forums den Skulpturensaal in Richtung Innenhof verlassen oder vom Innenhof her betreten, so schreiten sie durch eine Rekonstruktion dieses Portals. Die Kolossalfiguren existieren also gleichsam doppelt. Zählt man die Gipsabgüsse hinzu, die den Rekonstruktionen als Vorlage dienten, sogar dreifach.

SKULPTURENSAAL

Fassade als politisches Programm

Kurfürst Friedrich III. von Brandenburg wollte König werden. Um diesen Anspruch vor dem Kaiser, den deutschen Fürsten und europäischen Monarchen zu bekräftigen, beauftragte er 1698 den Bildhauer und Architekten Andreas Schlüter, die alte Residenz der Hohenzollern-Familie umzubauen. Der Maßstab dafür waren barocke Palastbauten in Rom und Frankreich, die wiederum an antike Traditionen anknüpften. Diese Vorbilder hatte Schlüter vor Augen, als er das kurfürstliche Schloss in ein königliches Bauwerk verwandelte. Mit Bildelementen, wie zum Beispiel Göttern, Waffen, Kriegern, Kronen, Adlern, Löwenköpfen oder Orden, machte er herrschaftlichen Rang und Macht anschaulich. 1701 krönte sich Friedrich selbst. Die anderen europäischen Herrscher ließen sich allerdings Zeit mit der Anerkennung des neuen Königs, der in ihren Augen ein Emporkömmling war.

1713–1716   Sandstein, Beton und Zinkblech   66 × 65 cm

Unter Schlossbaumeister Johann Friedrich Eosander, dem Nachfolger Schlüters, ließ der König die Schlossanlage nach Westen erweitern. Eosander schuf mit dem Großen Schlosshof ein Gegenstück zu Schlüters Kleinem Schlosshof. Dabei setzte er das königliche Bildprogramm fort. Diese Krone prangte über einem Hofportal. Im Zusammenspiel mit anderen Herrschaftszeichen kündete die Krone in etwa 25 Meter Höhe von der Macht des Königs. Wer das Schloss betrat, sollte sich klein und unwichtig fühlen.

Portalschmuck Krone

Um 1706   Sandstein   300 × 90 × 90 cm

Die Figur des Jupiters – verschiedentlich auch als Meeresgott Neptun inter-
pretiert – ist eine der sechs erhaltenen männlichen Kolossalfiguren, die
einst das zentrale Portal im Kleinen Schlosshof schmückten. Die überlebensgroßen Skulpturen antiker Helden und Götter als Bekrönung monu-
mentaler Säulen waren eine Anspielung auf die Triumphbögen römischer
Architektur. Eine in der Schlossbaukunst der Zeit auftrumpfende Geste,
die dem Griff nach der Königswürde durch die Hohenzollern entsprach.
Wahrscheinlich ist, dass Andreas Schlüter selbst die Modelle für die Skulpturen anfertigte und ihre Ausführung durch die Bildhauer seiner Werkstatt
überwachte.

Portalfigur Jupiter

Um 1702   Sandstein   165 × 75 cm

Das Relief, eine Verkörperung der Gerechtigkeit, wurde in der Schlüter-Werkstatt gefertigt und schmückte ein Portal des Schlosses zum Lustgarten. Die Figur mit Waage und Schwert, dessen Klinge verloren gegangen ist, verweist auf die Tugend des gerechten Handelns, die einen christlichen Herrscher auszeichnen sollte. Das Recht zu regieren, stand ihm durch Geburt zu. Keine Verfassung beschränkte sein Handeln. Im Glauben der Zeitgenossen musste er sich allein vor Gott verantworten. In ihren Augen erfüllte er seine Herrscherpflicht jedoch nur, wenn er maßvoll, klug und gerecht handelte. So lag es in Friedrichs Interesse, sich als vorbildlichen, christlich-tugendhaften Herrscher darzustellen.

Portalschmuck Gerechtigkeit

1707–1716 Sandstein 60 × 60 × 15 cm

Das steinerne Bildwerk stellt den sogenannten Orden vom Schwarzen Adler
dar, der an einer prachtvollen Kette hing. Nach dem Vorbild anderer euro-
päischer Herrscher hatte Kurfürst Friedrich III. den Orden 1701 begründet,
einen Tag bevor er sich selbst zum König krönte. Den Orden verlieh er fort-
hin an Verwandte, Angehörige des Hofes und ranghohe Personen im In- und
Ausland, um sie an das Herrscherhaus zu binden und sich zu vernetzen.
Schlossbaumeister Johann Friedrich Eosander entwarf für den Großen
Schlosshof einen Portalschmuck, der diesen Orden prächtig in Szene setzte:
Er umrahmte die Initialen des Königs und wurde von einer mächtigen
Krone bekrönt.

Portalschmuck Adlerorden

1707–1713 Sandstein 45 × 45 × 35 cm

Dieser Widderkopf aus einem von Johann Friedrich Eosander gestalteten Giebelfeld gehörte zur Darstellung eines Rammbocks. Solche schweren Geräte dienten bei Belagerungen zum Aufbrechen der Burg- oder Stadttore. Rammböcke, Brustharnische, Schilde, Pfeil und Bogen, Kanonen sowie andere Waffen schmückten an vielen Stellen die Fassaden des Schlosses. Erbeutetes Kriegsgerät von gegnerischen Heeren galt seit der Antike als Zeichen des Sieges. Friedrich I., Preußens erster König, stellte es öffentlich zur Schau, um seine Fähigkeit als Heerführer und Friedensstifter unter Beweis zu stellen.

Portalschmuck Rammbock

Ein Gesamtkunstwerk

Schlossbaumeister Andreas Schlüter verantwortete nicht nur die äußere Architektur mit ihrem reichen Fassadenschmuck, sondern auch die Innenausstattung des Schlosses. Unter seiner Anleitung arbeiteten Maler, Vergolder, Stuckateure, Bildschnitzer und andere Gewerke. Sie verwirklichten Schlüters künstlerische Pläne, die das Innen und das Außen des Schlosses zu einem Gesamtkunstwerk verschmelzen ließen. Viele stammten, so wie auch Schlüter und der Hofstuckateur und Hofmaurer Giovanni Simonetti, nicht aus Brandenburg, sondern kamen aus vielen verschiedenen Ländern – ähnlich, wie gut 300 Jahre später die Bauarbeiter auf der Baustelle des Humboldt Forums. Schlüter fertigte möglicherweise einzelne Stücke eigenhändig oder arbeitete vorgearbeitete Stücke fein aus. Für andere Stücke wiederum schuf er Vorlagen, die seiner Werkstatt bei vielfach verwendeten Motiven als Vorbild dienten – zum Beispiel bei Löwen- oder Widderköpfen und Adlern, die den ganzen Bau schmückten.

Um 1701 Sandstein 45 × 35 × 15 cm

Die Darstellung eines stürzenden Kriegers war Teil einer Kampfszene auf
einem Schild, das wiederum zu einem Arrangement verschiedener Kriegstro-
phäen am südöstlichen Portal des Schlosses gehörte. Dies war zur damaligen
Zeit das wichtigste Portal, denn es wandte sich den Zentren der Städte Cölln
und Berlin zu. Wie ein plakatives Werbebild rühmte es den König als siegreichen Herrscher. Aufgrund der besonderen Bedeutung des Portals war es
vermutlich Schlüter selbst, der das Werk entwarf und persönlich ausführte.
Zudem weist die bildhauerische Qualität, welche die Kraft und Dynamik des
besiegten Kriegers zum Ausdruck bringt, auf ein eigenhändiges Werk hin.

Portalschmuck Krieger

1713–1716 Sandstein 52 × 46 × 24 cm

Neben dem Widderkopf ist eine rote Markierung erkennbar. Sie stammt von
1950/51, als ein Wissenschaftliches Aktiv von der DDR-Regierung damit beauftragt war, das Berliner Schloss während der Abrissarbeiten zu dokumentieren und in Teilen zu retten. »Das Schloss soll unter Sicherung der darin
enthaltenen kulturellen Werte abgebrochen werden«, hatte der Beschluss
gelautet – ein absurdes Unterfangen, für das den 30 Fachleuten und Studie-
renden aus Weimar, Greifswald und Berlin nur knapp vier Monate Zeit blieb.

Fensterschmuck Widderkopf

1713–1716   Sandstein   52×40×25 cm

Widderköpfe verschönerten die obersten Fenster der Schlossfassaden zum Schlossplatz und zum Lustgarten hin. Aus ihren Mäulern hingen steinerne Lorbeergirlanden – eine Schmuckform, für die Andreas Schlüter antike Vorbilder originell umformte. Das Grundmodell fertigte Schlüter wahrscheinlich selbst an. Die Herstellung der Tierköpfe erledigten dann die Bildhauer der Schlossbauwerkstätten. Ab 1707 übernahmen Schlüters Nachfolger das Motiv, als sie die Schlossfassade nach Westen hin verlängerten. Zusammen mit anderen bauplastischen und architektonischen Elementen verbanden sie auf diese Weise die Bauteile zu einem harmonischen Gesamtbild.

Fensterschmuck Widderkopf

NOVIS ANTIQVA CO

Um 1702   Sandstein   120 × 120 × 40 cm

Das Relief ist eines von ursprünglich vier Porträtmedaillons der ersten mythischen Könige Roms. Sie waren an den Seitenportalen des Kleinen Schlosshofs angebracht – gleichsam wie Ahnherren der Hohenzollern. Der hier dargestellte Numa Pompilius folgte Romulus auf den Thron. Als Vorlage dienten Schlüter und seiner Werkstatt zwei kleine römische Münzen. Sie waren im Besitz Friedrichs I., dessen berühmte Sammlung antiker Münzen ungefähr 4900 Objekte umfasste und ein Herzstück seiner Kunstkammer bildete. Auf diese Weise entstand ein Bezug zwischen Innen und Außen: zwischen der Münze in der königlichen Sammlung im Schloss und der »Münze« als Fassadenschmuck.

Portalschmuck Numa Pompilius

Um 1705   Eichenholz   110 × 308 × 5 cm

Die hölzerne Tafel bekrönte eine von sechs Doppeltüren im Großen Treppenhaus des Schlosses. Es erstreckte sich hinter den Tür- und Fensteröffnungen
des Hauptportals im Schlüterhof über dreieinhalb Geschosse. Der auch
Supraporte genannte Türschmuck zeigt die Köpfe zweier antiker Krieger. Sie
ergänzten das Bildprogramm des Treppenhauses, das dem Sieg von Götter-
vater Jupiter über die Giganten gewidmet war und hierbei mit Themen der
Schlossfassade korrespondierte.

Türschmuck Treppenhaus

Traditionen

Das Schloss sollte mit seiner Architektur, seinem Figurenschmuck und seinen Inschriften allen verkünden: Dies ist der Bau eines großen Herrschers. Architekten und Künstler bedienten sich zu diesem Zweck zeitgenössischer wie antiker Vorbilder. Sie sichteten Zeichnungen und Druckwerke und reisten durch Europa – allen voran Schlossbaudirektor Andreas Schlüter, der Polen, Italien sowie vermutlich Frankreich und die Niederlande kannte. Mit diesen Kenntnissen schufen sie etwas ganz Eigenständiges mit dem Ziel, die Bedeutung des preußischen Königs und seiner Familie der höfischen Gesellschaft Europas vor Augen zu führen. Diese Elite kannte die Vorbilder oft aus eigener Anschauung und war in der Lage, die Bildsprache zu lesen und zu deuten. Um auch jene zu erreichen, die nicht nach Berlin kamen, ließ der König sein Bauwerk in Stichen und Drucken veröffentlichen.

1701–1716　Sandstein　60 × 60 × 75 cm

Das mit Blattwerk und schneckenförmigen Elementen geschmückte Kapitell gehörte zu einer Säule im zweiten Obergeschoss des Schlosses. Vor der Sprengung der Schlossruine 1950 ausgebaut, gelangte es auf einen Bauhof in Berlin-Pankow, wo es mit weiteren Fragmenten des Schlosses aufbewahrt werden sollte. Stattdessen aber diente es später mit anderen grob zerschlagenen Bauteilen als Füllmaterial für eine Betonfläche. 1992 wurde es bei Baggerarbeiten wiedergefunden. Als einziges überliefertes Kapitell dieser Art diente es als Vorlage für die Rekonstruktion dieses Bauelements bei der Wiedererrichtung der Schlossfassaden.

Säulenfragment Kapitell

Um 1706 Sandstein 300 × 90 × 90 cm

Die Figur des Herkules, erkennbar an der großen Keule, hat Andreas Schlüter selbst entworfen. Sie ist eine der 8 erhaltenen, ursprünglich 16 Monumental-skulpturen aus dem Kleinen Schlosshof. Schlüter ließ sich häufig von antiken Vorbildern inspirieren. Für den Herkules hatte er möglicherweise verschiedene antike Skulpturen vor Augen, beispielsweise den *Herkules Farnese,* eine römische Marmorkopie nach einem verlorenen griechischen Bronzeoriginal. Aus den Vorbildern schuf Schlüter eine eigene Komposition.

Portalfigur Herkules

Um 1704 Sandstein 80 × 30 × 50 cm

Überlebensgroße Adler schmückten die Außenfassade im obersten Geschoss. Der Adler war das Wappentier des Kurfürstentums Brandenburg und des Königreichs Preußen. Zugleich aber ist er ein Symbol für Jupiter. Der Götter-vater der römischen Antike verkörperte im Bildprogramm des Schlosses Bedeutung und Macht des Herrschers. Indem sich Kurfürst Friedrich III. zum König Friedrich I. krönte, stieg er – zumindest in der Kunst Schlüters – gleichsam wie Jupiter zum Götterhimmel auf.

Fassadenschmuck Adler

Um 1704 Sandstein 80 × 40 × 30 cm

Zottelige Haarmähne und Schnauzbart, buschige Augenbrauen und grobe
Gesichtszüge kennzeichnen den Dargestellten als Wilden Mann: ein halb-
menschliches Wesen aus der Vorstellungswelt des frühmittelalterlichen
Volksglaubens. Solche Skulpturen aus der Werkstatt Schlüters zierten Mauer-
vorsprünge im Kleinen Schlosshof. Sie verkörperten urtümliche Gestalten,
die durch die Macht des Königs gebändigt wurden und fortan sein Werk
unterstützen mussten.

Fassadenschmuck Wilder Mann

1713–1716   Sandstein   323 × 274 × 116 cm

Engelsgleiche Frauengestalten, sogenannte Genien, empfingen die Besucherinnen und Besucher an wichtigen Portalen des barocken Schlosses. Ausgestattet mit Palmzweig und Fanfare, verkörperten sie Friede und Ruhm. Ihre großen Gesten und Fanfarenstöße kündeten von der Würde des Königs, die nach damaliger Vorstellung von Gott gegeben war. Nach einem Entwurf von Johann Friedrich Eosander gestaltete der Bildhauer die Figuren mit nackten Brüsten und Beinen sehr sinnlich, um an römische Vorbilder wie die _Scala Regia_ im Vatikan anzuknüpfen.

Portalfigur Genie

Steter Wandel

Das Berliner Schloss war nie ganz fertig, sondern seit seiner Grundsteinlegung 1443 immer wieder Baustelle. Zahlreiche Kurfürsten und Könige veränderten den Bau nach ihren Bedürfnissen – gemeinsam mit wechselnden Baumeistern und Generationen von Handwerkern. Je nach Mode und Geschmack der Zeit knüpften sie an die Arbeit ihrer Vorgänger an, übernahmen, kopierten, veränderten oder verwarfen. Welches Erscheinungsbild besonders in Erinnerung blieb, das hing auch davon ab, wie geschickt und wirkungsvoll der jeweilige Herrscher seinen Bau in Szene setzte und durch Veröffentlichungen bekannt machte.

1538–1540   Sandstein   46 × 69 × 21 cm

Das männliche Fabelwesen auf diesem Stein gehörte vermutlich zum Renaissanceschloss. Beim Umbau in ein Barockschloss zu Beginn des 18. Jahrhunderts nutzten Steinmetze die alten Steine erneut. Viele bereits behauene
Steine drehten sie um und gestalteten die Rückseite neu. Steinmaterial, das
für den Schlossbau geeignet war, musste von weither angeliefert werden –
denn in Berlin gibt es viel Sand, aber keinen Sandstein. Kostengünstiger und
schneller war es, altes Material wiederzuverwenden.

Fassadenschmuck Fabelwesen

Um 1703   Sandstein   300 × 90 × 90 cm

Die aus der Schlüter-Werkstatt stammende Kolossalfigur gehörte zu acht
überlebensgroßen weiblichen Skulpturen auf den seitlichen Portalen des
Kleinen Schlosshofs. Vermutlich sollten sie Musen darstellen und das
Schloss als Hort der Künste und Wissenschaften ausweisen. Ihre Bedeutung erhielten sie durch symbolische Gegenstände, die allerdings verloren
gingen. 1875 wurden sie als Tugenddarstellungen umgedeutet und daher mit
neuen Attributen ausgestattet. Die Eintracht trug einst ein Pfeilbündel in
der Hand und ist eine von zwei Figuren, die sich erhalten haben.

Portalfigur Muse

1728   Sandstein   120 × 80 × 80 cm

Das Bruchstück eines Pfeilers stammt aus dem Treppenhaus zum berühmten
Weißen Saal im Nordwestflügel des Schlosses. König Friedrich Wilhelm I.
ließ diesen 1728 zu einem prachtvollen Festsaal ausbauen. Mehrfach um-
gestaltet, bot er bis zum Ende der Monarchie Festakten und wichtigen
Zeremonien den angemessenen feierlichen Rahmen. Wie viele andere Räume
des Schlosses ließen die Hohenzollern auch den Weißen Saal und die zuge-
hörige Treppe immer wieder im Stil der Zeit anpassen.

Pfeilerfragment Treppenhaus

2013 Gips und weißer Schutzanstrich 300 × 90 × 90 cm

Dieser Gipsabguss diente – mit vielen anderen – als Vorbild für die Herstellung von Kopien für das Humboldt Forum. Das Original entwarf um 1703 Andreas Schlüter. Nach der Sprengung des Schlosses 1950 sind nur einzelne Fragmente erhalten geblieben. Sie bildeten zusammen mit Fotografien und älteren Ansichten die Vorlagen für die kopierten Barockfassaden am Humboldt Forum. Nach ihnen modellierten Bildhauerinnen und Bildhauer die Stücke in Ton und formten sie dann in Silikon ab. <u>Mithilfe dieser Formen wurden die Figuren in Gips gegossen.</u> Die Kopien nach historischen Vorbildern sind neue Originale von eigener künstlerischer Qualität.

Gipsabguss Merkur

Ein Symbol für den politischen Umbruch

Vorgängerbau des Humboldt Forums war der Palast der Republik, ein aufwendig gestaltetes »Volkshaus«. Die DDR-Regierung hatte ihn von 1973 bis 1976 dort errichten lassen, wo einst das 1950 gesprengte Hohenzollernschloss über Jahrhunderte gestanden hatte. Der Palast war nur 14 Jahre in Betrieb, wurde aber rasch zur »Königin der Herzen« durch Kaltgetränke und Bowlingbahn. Trotz seiner kurzen Existenz ist der Palast bei vielen Deutschen unvergessen, die persönliche Erinnerungen mit ihm verbinden. Die gläserne Wahlurne, die jetzt im Skulpturensaal des Humboldt Forums zu sehen ist, stand nach dem politischen Umbruch 1990 im Palast der Republik. Sie ist eine von 35 Spuren zur Geschichte des Ortes, die im ganzen Humboldt Forum verteilt sind, um an seine vielfältige Vorgeschichte zu erinnern.

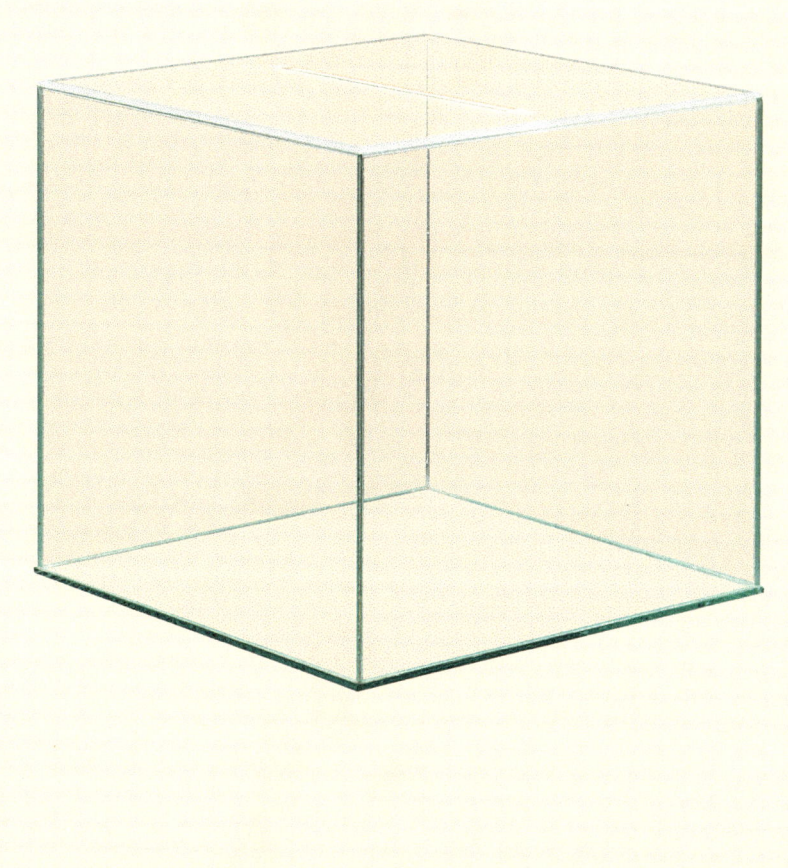

1989   Glas und Acrylglas   30,3 × 30 × 30 cm

Die Wahlurne wurde für den Volkskammersaal des Palasts der Republik geschaffen, als hier 1990 die Abgeordneten des ersten freigewählten Parlaments der DDR tagten. Bis zur Friedlichen Revolution im Herbst 1989 war die Volkskammer der DDR nur ein Scheinparlament gewesen, das die Vorlagen der SED-Regierung lediglich bestätigte. Die gläserne Box symbolisierte die neue Transparenz parlamentarischer Entscheidungen nach demokratischen Regeln. Sie wurde auch im August 1990 genutzt, als die Abgeordneten über den Beitritt der DDR zum Geltungsbereich des Grundgesetzes der Bundesrepublik abstimmten und die staatliche Einheit beschlossen.

Wahlurne

Antinous von Portal 6 des Berliner Schlosses 19. Jahrhundert

Antinous von Belvedere um 125 n. Chr.

Die Statue des Antinous schmückte einst im Berliner Schloss das Hauptportal des Kleinen Schlosshofs. Als der Bildhauer und Schlossbaudirektor Andreas Schlüter um 1705 diese Statue entwarf, war ihm bewusst, dass Künstler und Gelehrte sein Vorbild erkennen würden: Die antike Skulptur des Antinous von Belvedere im Vatikan war durch die Verbreitung zahlreicher Stiche und Kopien in ganz Europa berühmt.

Anders als heute musste sich Schlüter jedoch keine Sorgen machen, als Plagiator bloßgestellt zu werden oder als schlechter Künstler zu gelten. Wie schon die Künstler des antiken Rom Vorbilder aus der griechischen Kunst systematisch kopiert hatten, so war auch zu Schlüters Zeit die Nachahmung der antiken Kunst eine selbstverständliche Praxis.

Herausragende Künstler wie Schlüter gingen dabei über das getreue Kopieren hinaus. Sie zitierten und verarbeiteten ihre Vorbilder kreativ. Die Wiedererkennbarkeit wurde dabei nicht als Mangel an Originalität bewertet. Vielmehr konnten Künstler und Auftraggeber durch solche Zitate Bildung und Geschmack zeigen. Schlüter präsentierte im Schlosshof eine ganze »Zitatensammlung« berühmter Meisterwerke, quasi ein »Best-of« der Antike, der Renaissance und des Barock, darunter Werke von Gian Lorenzo Bernini oder Giovanni da Bologna.

Das Kopieren geriet erst im Laufe des 19. Jahrhunderts in Misskredit. Originalität und eigenschöpferische Individualität wurden nun höher bewertet, denn mit immer perfekteren Techniken zur Reproduktion von Kunstwerken verkam das Kopieren zunehmend zur Massenproduktion.

So entstand eine Fokussierung auf das Original, die bis heute unsere Wahrnehmung prägt. Während in der Musik die Aneignung eines Werks in einer (Neu-)Interpretation selbstverständlich als künstlerische Praxis anerkannt ist, bleibt dieser Prozess in der bildenden Kunst negativ besetzt. Wie aber das Beispiel Schlüters zeigt, wird eine Fixierung auf Originalität den Kunstwerken des Barock nicht gerecht.

Auch für die Arbeit der heutigen Bildhauerinnen und Bildhauer war eine intensive künstlerische Aneignung der Formen- und Gedankenwelt einer anderen Zeit und eines anderen Künstlers notwendig. So schufen sie neue Kunstwerke, die in Auseinandersetzung mit der Vergangenheit entstanden sind, und doch vor allem Werke unserer Zeit sind.

Die 35 sogenannten Spuren, die sich auf allen Flächen des Humboldt Forums verteilen, erinnern an wichtige Ereignisse und Nutzungen, ungewöhnliche und alltägliche Momente in der Geschichte des Ortes. Die unkonventionellen Standorte versetzen die Objekte in überraschende Zusammenhänge und eröffnen damit neue Perspektiven und Möglichkeiten der Wahrnehmung. Der besseren Übersichtlichkeit halber wurden für den Ausstellungsführer Objekte ausgewählt, die sich in der Treppenhalle oder in ihrer Nähe befinden.

SPUREN

Ein öffentlicher Ort

Das Berliner Schloss war jahrhundertelang nicht nur der Fürstenfamilie und dem Adel zugänglich: Auch Bedienstete, Beamte, Besucherinnen und Besucher gingen ein und aus, denn hier gab es Kanzleien, Kassen, Gerichte und Archive. Die Höfe waren für alle offen, Läden und Werkstätten säumten das Schloss und die Domkirche. Herrschaft und städtischer Alltag lagen dicht beieinander. Auch der Palast der Republik war ein öffentlicher Ort, doch ganz anderer Art: Die Verbindung von Politik und Vergnügen unter einem Dach sollte den siegreichen Sozialismus bezeugen. Der Ministerrat der DDR schloss den Palast der Republik im September 1990 wegen Asbestbelastung. Erst 2004/05 erfuhr der entkernte Bau eine neue Form von Öffentlichkeit: Die Ausstellungen, Inszenierungen und Performances des Projekts *Volkspalast* begeisterten über eine halbe Million Menschen. Auch der Museums- und Veranstaltungskomplex Humboldt Forum ist öffentlich: 3,5 Millionen Besucherinnen und Besucher werden jährlich erwartet.

1836 Granit 12,5 × 13 × 10,5 cm

Steine aus brandenburgischem Granit pflasterten den Großen Schlosshof. Die Höfe waren öffentlich zugänglich, da im Schloss zahlreiche Behörden ihren Sitz hatten. Es herrschte ein reges Kommen und Gehen, auch weil viele Fuhrleute, Reiter, Karrenschieber bei ihrem Weg durch die Stadt die Höfe gern als Abkürzung nutzten. Im Laufe des 19. Jahrhunderts, als in Europa Rebellionen und politische Attentate zunahmen, wuchs das Bedürfnis der Monarchen nach Abstand zum Volk. Also versuchte man, den Verkehr einzuschränken. Kaiser Wilhelm II. ließ dann alle Tore mit schmiedeeisernen Gittern versperren.

Pflasterstein

1975 Böttgersteinzeug, Porzellan und Gold   326 × 523 × 40 cm

Zwei Wandreliefs aus Meißener Porzellan schmückten das größte Restaurant im Palast der Republik. Die Meißener Porzellanmanufaktur, 1710 durch den sächsischen Kurfürsten gegründet, war zu DDR-Zeiten ein Volkseigener Betrieb; die Entwürfe kamen von einem Gestalterkollektiv. Für den Palast der Republik arbeiteten die Künstler mit festlich wirkenden Motiven und Farben. Denn wie zuvor das Schloss war auch der Palast der Republik ein Ort der Selbstdarstellung, der in- und ausländische Gäste beeindrucken sollte. Das war hier sicherlich der Fall, zumal sich über die lange Fensterfront des Restaurants der Blick eindrucksvoll zum Lustgarten öffnete.

Wandgestaltung

1975   Stahlblech und Glas   53,7 × 105 × 15 cm

Überall in dem weitläufigen Palast der Republik gab es beleuchtete Hinweise, die den Besucherinnen und Besuchern den Weg zu den verschiedenen Veranstaltungsräumen und Restaurants wiesen. Die Piktogramme für das umfangreiche Wegeleitsystem entwarf Klaus Wittkugel, einer der bedeutendsten Grafiker der DDR. In der Gestaltung orientierte sich der Künstler an modernen Informations- und Leitsystemen, die es seit den 1960er-Jahren weltweit zum Beispiel an Flughäfen gab.

Wegeleitsystem

1989   Metall, Kunststoff und Glas   30 × 37,5 × 29 cm

Monitore dienten der Überwachung des Palasts der Republik durch das
Ministerium für Staatssicherheit. Da das »Haus des Volkes« für alle offen
und zugleich Sitz der DDR-Volkskammer war, galt der Palast als spezielles
Sicherungsobjekt. Videoüberwachung sollte Sicherheit gewährleisten und
provokante Handlungen anzeigen: Angestellte und Gäste wurden observiert,
Künstlerinnen und Künstler bespitzelt. So trat der westdeutsche Sänger Udo
Lindenberg 1983 vor einem ausgewählten, parteinahen Publikum auf, seine
Fans mussten draußen bleiben – streng überwacht. Vor dem Palast waren
circa 270 Sicherheitskräfte im Einsatz und verhafteten rund 50 Personen.

Monitor

2004

Wegen Asbestbelastung wurde der Palast der Republik ab 1997 bis auf den Rohbau abgetragen. Seine Zukunft war ungewiss. In langen Auseinandersetzungen mit den Behörden erreichte die Initiative *Zwischenpalastnutzung* seine kulturelle Nutzung. Künstlerinnen und Künstler eroberten den Bau, fast eine halbe Million Menschen kam – als nähme das Volk Besitz von einem »Volkspalast«. Die filmische Momentaufnahme zeigt die Installation *Fassadenrepublik* von raumlaborberlin und Peanutz Architekten: Sie luden dazu ein, labyrinthische Räume im gefluteten Palast mit einem Schlauchboot zu befahren und über deren Abriss und Gestaltung mitzubestimmen.

Videoausschnitt

Zeichen der Herrschaft

Politik braucht Repräsentation. Sie besteht nicht allein aus Diplomatie, Verhandlungen, Kriegen, Gesetzeswerken und Verwaltung. Die Geschichte des Ortes zeigt anschaulich, dass Architektur, Ausstattung und Kunstwerke ebenfalls Instrumente der Politik sind, seit jeher und bis heute. Ob nun im Schloss oder im Palast der Republik: Kunstwerke aus kostbarem Marmor oder edler Bronze veranschaulichten, wer sich hier ein Denkmal setzen wollte. Selbst das Dekor des Geschirrs machte deutlich, an wessen Tisch man hier aß. Würdezeichen und Hoheitssymbole wurden gern auch angeeignet und umgenutzt: So tat es zum Beispiel der Sozialrevolutionär Karl Liebknecht, als er 1918 vom Portal des Schlosses – von dem auch der Kaiser einst zum Volk gesprochen hatte – die sozialistische Republik ausrief. So tat es die Regierung der DDR, als sie das Schloss abriss, aber das sogenannte Liebknecht-Portal bewahrte und im Staatsratsgebäude einbaute. Die Bundesrepublik Deutschland wiederum errichtete mit dem Humboldt Forum Schlossfassaden und eine Kuppel neu, die viele Menschen an Preußentum und Kaiserzeit erinnern.

FRIDERICUS. III.

1688   Marmor   192×104×73,5 cm   Plinthe 62,5×56,5 cm

Die Statue des niederländischen Bildhauers Bartholomeus Eggers zeigt Kurfürst Friedrich III. im Jahr seines Regierungsbeginns. Damit war die Figurengruppe mit allen brandenburgischen Kurfürsten, die ursprünglich sein Vater in Auftrag gegeben hatte, komplett. Überlebensgroß und in Herrscherpose schmückten die zehn Marmorstatuen den neuen Hauptsaal des Berliner Schlosses, den Alabastersaal. Dort verkündeten sie die Beständigkeit der Hohenzollernherrschaft und ihren Rang als Kurfürsten des Heiligen Römischen Reichs. Indem der Kurfürst die Reihe später um Figuren römischer und römisch-deutscher Kaiser erweiterte, behauptete er eine noch ehrwürdigere Bedeutung.

Kurfürstenstatue

Um 1750   Samt, Seide und Goldfaden   206 × 164 cm

Die prunkvolle Thronrückwand befand sich wahrscheinlich im Audienz-
zimmer von <u>Königin Elisabeth Christine</u> im Berliner Schloss. Zum Thron
gehörten ein erhöht aufgestellter Stuhl, ein Baldachin aus kostbarem Stoff
sowie die Rückwand mit gesticktem Dekor. Die Goldstickerei von Mathias
Immanuel Heynitschek zeigt das preußische Wappen mit Adler, Zepter und
Reichsapfel, flankiert von zwei Schildhaltern und bekrönt von der Königs-
krone. Da sich Friedrich II. repräsentativen Pflichten gerne entzog, übertrug
er seiner Gemahlin einen Großteil dieser wichtigen Aufgaben. Die Wohnung
Elisabeths im Schloss war deshalb besonders reich ausgestattet.

Thronrückwand

1701 Fayence bemalt und teilvergoldet Ø ca. 22 cm

Der Teller ist aus Delfter Keramik, die im 17. Jahrhundert bei Aristokraten und reichen Bürgern Europas in Mode kam. Die kostbaren Fayencen sollten chinesisches Porzellan imitieren, das praktisch unbezahlbar war. König Friedrich I. bestellte das Service bei der Manufaktur De Grieksche A und ließ es mit dem Schwarzen Adlerorden dekorieren, dem Symbol des von ihm gegründeten Ritterordens. Trafen sich die Ritter des Schwarzen Adlerordens, so bezeugte das Geschirr zusammen mit den edlen Speisen den exklusiven Charakter ihrer Gemeinschaft.

Teller

Um 1842   Nadelholz, Wollfilz und Eisenbeschläge   45 × 87 × 82 cm

Dies ist eine von Hunderten Kisten, in denen 1920 Hausrat und Kunstgegenstände in die neue Heimstatt Kaiser Wilhelms II. transportiert wurden. 500 Jahre lang hatten die Hohenzollern als Kurfürsten, Könige und Kaiser geherrscht, als die Revolution von 1918 die Monarchie in Deutschland beendete. In der Nähe von Utrecht (NL) erwarb Wilhelm II. das Wasserschlösschen Huis Doorn und ließ es für seine Familie herrichten. Die junge Republik schickte ihm 63 Güterwaggons mit Gegenständen aus seinem Besitz nach. Sorgfältig nummeriert und beschriftet enthielt diese individuell angefertigte Kiste Stücke aus der Silberkammer.

Transportkiste

1974–1976   Bronze   175 × 260 × 32 cm (oben) und 112 × 260 × 32 cm (unten)

Das Segment war Teil des 14 Meter langen Kunstwerks *Lob des Kommunismus* von Jo Jastram im Foyer des Volkskammersaals im Palast der Republik. Angeregt durch die Gedichte *Lob des Kommunismus* und *Lob des Lernens* von Bertolt Brecht zeigte der Bildhauer die Entwicklung der Menschheit als eine Folge von Klassenkämpfen, an deren Ende die kommunistische Gesellschaft steht. Das monumentale Werk richtete seine Botschaft vor allem an die Abgeordneten der Volkskammer auf ihrem Weg in den Plenarsaal. Nach der Demontage 1998 wurde das im Volkseigenen Betrieb Lauchhammerwerk gegossene Bronzerelief entlang der historischen Schweißnähte zertrennt.

Reliefsegment

Hort der Wissenschaft und der Kunst

Als Dominikaner am Stadtrand von Cölln ein Kloster errichteten, brachten sie nicht nur geistliche Fürsorge an diesen Ort. Die häufig weitgereisten und universitär gebildeten Bettelmönche waren für ihre Gelehrsamkeit bekannt, die auch den Städtern zugutekam. Mit dem Schloss verband sich ebenfalls von Beginn an Wissen: So bildeten kurfürstliche Einrichtungen wie Kunstkammer und Bibliothek später den Grundstock zahlreicher Berliner wissenschaftlicher und künstlerischer Institutionen. Auch nach dem Ende der Monarchie 1918 behielt der Ort seine Bedeutung als Wissensort. In der Weimarer Republik zogen Vereine, Institute und Bibliotheken in das Schloss, das für kurze Zeit wieder ein Hort der Kultur und der Bildung wurde. Mit dem Palast der Republik setzte die DDR die Tradition als Kulturort fort – nun mit klarer ideologischer Ausrichtung. Sowohl das Veranstaltungsprogramm wie die künstlerische Ausgestaltung des Gebäudes standen im Dienst des Sozialismus. Und auch die Gemäldegalerie sollte der politischen Erziehung dienen: Für sie malten 16 renommierte Künstler der DDR unter dem Motto »Dürfen Kommunisten träumen?«.

Um 1680   Birnbaumholz   2,4 × 2,4 × 2,7 cm

Der Holzwürfel mit dem chinesischen Schriftzeichen für »Drache« ist Teil der sogenannten *Typographia Sinica* mit 3 287 Drucktypen dieser Art. Der Geistliche, Arzt und Kenner orientalischer Sprachen Andreas Müller ließ die Typen sowie einen passenden Schrank unter erheblichen Kosten herstellen. Wahrscheinlich plante er eine Art Wörterbuch, um das gänzlich unbekannte Chinesisch verständlich zu machen. Kurfürst Friedrich Wilhelm hatte großes Interesse an der chinesischen Sprache und daher eine kostbare chinesische Büchersammlung erworben, die Müller betreute. 1685 überließ Müller die *Typographia Sinica* der kurfürstlichen Bibliothek.

Drucktype

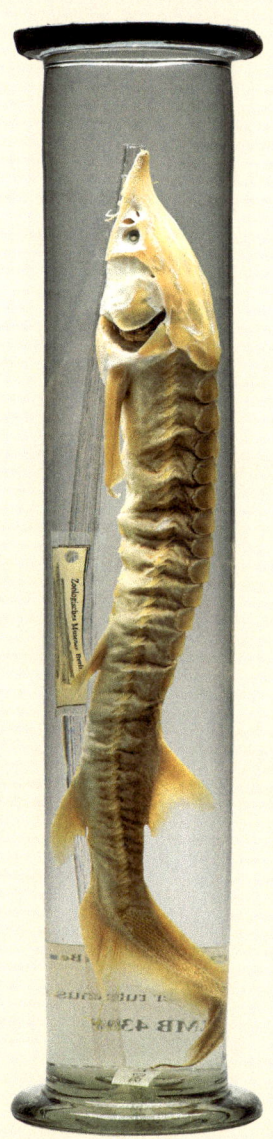

1782   Alkoholpräparat und Glas   H 47,2 cm   Ø 11 cm

Der in Alkohol konservierte Sterlet stammt aus der Sammlung des Arztes und Naturforschers <u>Marcus Elieser Bloch</u>. Sie umfasste über 1400 Präparate von Fischen aus aller Welt. 1802 erwarb König Friedrich Wilhelm III. die Sammlung für die Kunstkammer im Schloss und übergab sie 1810 dem neu gegründeten Universitätsmuseum. Aufgrund seiner Forschungen, die er in der zwölfbändigen *Allgemeinen Naturgeschichte der Fische* veröffentlichte, genoss Bloch hohes Ansehen unter den aufgeklärten Bürgern der Stadt und in der internationalen Gelehrtenwelt. Die Aufnahme in die Königlich Preußische Akademie wurde dem Wissenschaftler allerdings verwehrt, weil er Jude war.

Fischpräparat

1817/18   Holz, Draht, Gips bemalt, Sand, Wachs, Harz und Glas   18 × 99,5 × 123,5 cm

Das topografische Modell zeigt einen Teil des Rhônetals mit dem Aletschgletscher. Es ist das einzig erhaltene von zehn Segmenten, die die Schweizer Alpen abbildeten. Der Schweizer Joachim E. Müller hatte selbst die Landschaft vermessen und die Ergebnisse als maßstäbliches Relief gestaltet. König Friedrich Wilhelm III. erwarb dieses Meisterwerk der Kartografie, das mit 4,9 × 2,6 Metern Größe einen eigenen Raum in der Kunstkammer des Schlosses beanspruchte. Aus Gips modelliert, bemalt und mit kleinen Spiegeln versehen, die Seen darstellen, zählte es zu den Attraktionen der Kunstkammer.

Modellsegment

1947

Augenzeuge hieß die Kino-Wochenschau in der sowjetischen Besatzungszone und späteren DDR. Der Ausschnitt zeigt die Ausstellung *Wiedersehen mit Museumsgut* im provisorisch wieder hergerichteten Weißen Saal des Berliner Schlosses. Zu sehen waren Kunstwerke aus Berliner Museen, die den Zweiten Weltkrieg überstanden hatten. Im Jahr zuvor hatte es in dem Saal bereits die Schau *Moderne französische Malerei* gegeben, 1948 folgten *Berlin plant* über den Wiederaufbau der Stadt und *Berlin 1848* zum 100-jährigen Jubiläum der Märzrevolution. Der große Besucherandrang in allen Ausstellungen zeugt vom Bedürfnis der Menschen damals nach Kultur und Normalität.

Filmausschnitt

1975   Öl auf Hartfaser   280×281 cm

Der Maler Wolfgang Mattheuer schuf das Gemälde *Guten Tag* für die Gemälde-
galerie im Palast der Republik, die unter dem Motto »Dürfen Kommunisten
träumen?« stand. Diese umfasste 16 großformatige Werke von etablierten
DDR-Künstlern (keiner einzigen Künstlerin). Eine Planungsgruppe im Auftrag des Ministeriums für Kultur hatte das Projekt geleitet. Mattheuers
Gemälde zeugt vom zwiespältigen Verhältnis von Kunst und Politik in der
Diktatur. Einerseits stellte sich Mattheuer mit seiner Teilnahme an diesem
Prestigeprojekt in den Dienst der DDR-Regierung. Andererseits lassen sich
seine Bildmotive als Kritik an gesellschaftlichen Fehlentwicklungen deuten.

Gemälde

Barrikadenkämpfe in der Breiten Straße März 1848

Polizei und Demonstrierende vor dem Palast der Republik 7. Oktober 1989

Es heißt, die Deutschen seien keine großen Revolutionäre. Man behauptet, sie kauften erst einmal eine Bahnsteigkarte, bevor sie einen Bahnhof stürmten. Tatsächlich sind die Deutschen bei ihren Revolutionen vergleichsweise wenig radikal vorgegangen. Im Gegensatz zu den Briten, Franzosen oder Russen haben sie ihre Monarchen beispielweise nie umgebracht. Im Gegenteil: Kaiser Wilhelm II., der nach der Kriegsniederlage 1918 ins niederländische Exil floh, bekam noch waggonweise sorgfältig verpackte Besitztümer nachgeschickt.

Jahrhundertelang definierte das Hohenzollernschloss die Spreeinsel. Von hier aus regierte der Monarch. Zugleich ist dieser Ort ein zentraler Bezugspunkt der deutschen Demokratie. Denn dort, wo heute das Humboldt Forum steht, erhoben sich im März 1848 die Bürgerinnen und Bürger gegen einen autoritären König; 270 von ihnen starben bei den Kämpfen. Eine große Zahl der Toten wurde im Kleinen Schlosshof aufgebahrt, wo sich Friedrich Wilhelm IV. vor ihnen verneigte. Als am Tag der Beisetzung der Trauerzug am Schloss vorbeiführte, war der König erneut gezwungen, den Gefallenen öffentlich seine Ehre zu erweisen. Diese Momente gelten als Marksteine, auch wenn es noch viele Jahrzehnte und einen Weltkrieg brauchte, um die Monarchie hinwegzufegen.

Eine neue revolutionäre Traditionslinie begann mit der Novemberrevolution 1918, die nach rund 500 Jahren die Herrschaft der Hohenzollern beendete: Karl Liebknecht verkündete am 9. November 1918 die »freie sozialistische Republik Deutschland« vom Portal des Schlosses aus, das immer noch Symbol der Monarchie war, auch wenn der Kaiser dort seit Kriegsbeginn nicht gewesen war. Letztlich war es die am Reichstag fast gleichzeitig stattfindende Republikausrufung durch den Sozialdemokraten Philipp Scheidemann, auf die sich die Weimarer Republik berief. Doch Liebknecht hatte am Berliner Schloss einen ikonischen Moment geschaffen, der in die Geschichte einging.

Gut 40 Jahre später begründete die Sowjetunion die Parteidiktatur der DDR, deren Regierungsspitze den Sozialrevolutionär Liebknecht zum Nationalhelden erklärte. Die DDR, so lautete die Botschaft, vollende sein Werk. Was nach der nationalsozialistischen Gewaltherrschaft wie ein Versprechen geklungen hatte, erfüllte sich jedoch nicht. Die Rufe nach Demokratie, Recht und Freiheit wuchsen an zur Friedlichen Revolution im Herbst 1989. Dort, wo einst das Schloss das Stadtzentrum geprägt hatte, stand nun der Palast der Republik. Hier fand der Festakt zum 40. Jahrestag der DDR statt, während draußen Menschen, die demonstrierten, fortgedrängt wurden. Welche Ironie, dass die Parteispitze mit ihren ausländischen Staatsgästen die »Internationale« anstimmte und sang »Reinen Tisch macht mit dem Bedränger!« Wenige Wochen später endete ihre Macht.

Drumherum und weiter weg

Wer sich auf Spurensuche begibt, findet drumherum um das Humboldt Forum und weiter weg zahllose Orte, die mit der Geschichte des Ortes in Beziehung stehen – durch bauliche Bezüge, Wege, Waren oder Menschen.

Liebknechtbrücke

Lustgarten und Altes Museum, Berlin 0,1 km

In den 1650er-Jahren ließ der Kurfürst den Küchengarten des Berliner Schlosses zu einem Lustgarten ausgestalten. Spazierwege, Wasserspiele, Skulpturen und exotische Pflanzen luden zum Lustwandeln und Staunen ein. Nur wenige Jahrzehnte währte diese Pracht, dann wurde der Garten zum Exerzierplatz umgebaut, etwas später nebenan der Dom errichtet. Mit dem ersten öffentlichen Museum Preußens, dem Alten Museum, begann 1830 die einzigartige Entwicklung zur Museumsinsel.

Ehemaliges Staatsratsgebäude, Berlin 0,1 km

Ein üppig-barocker Vorbau durchbrach die schlicht-moderne Fassade des DDR-Staatsratsgebäudes. Dieses mit originalen Teilen rekonstruierte Schlossportal sollte an Karl Liebknecht erinnern, der 1918 vom Berliner Schloss aus die sozialistische Republik ausgerufen hatte. Das Portal gibt es nun zweifach: Für den Bau des Humboldt Forums wurde es noch einmal neu geschaffen. Im Staatsratsgebäude sitzt heute die private Wirtschaftshochschule ESMT.

Deutsches Historisches Museum, Berlin 0,1 km

Das Zeughaus sei eines der schönsten Gebäude Europas, rühmte der Publizist Friedrich Nicolai 1786. Das Deutsche Historische Museum, das sich hier heute befindet, wirbt bescheidener mit einem »der bedeutendsten Bauten des Barock in Norddeutschland«. Das Gebäude diente früher den Hohenzollern als Waffen- und Trophäendepot. Der Fassadenschmuck zeigt Kriegsbeute und die abgeschlagenen Köpfe Besiegter – die ersten Meisterwerke des Bildhauers Andreas Schlüter in Berlin.

Marx-Engels-Forum, Berlin   0,1 km

Die Grünanlage vollendete 1986 die städtebauliche Achse mit Palast der Republik, Neptunbrunnen und Fernsehturm. Ihr Zentrum
bildete ein Denkmal für Karl Marx und Friedrich Engels, die Vor-
denker des Kommunismus. Sie hatten den Palast der Republik als
kupfern schimmernde Kulisse im Rücken und den himmelwärts auf-
ragenden Fernsehturm vor Augen – wie ein Symbol für das Selbst-
verständnis der Hauptstadt der DDR. Seit dem Mauerfall wird die
Neugestaltung der Berliner Stadtmitte diskutiert und realisiert.
Das Denkmal wurde für den U-Bahnbau versetzt, sodass Marx und
Engels derzeit auf das Humboldt Forum blicken.

Alter Garnisonfriedhof, Berlin   1,2 km

Zwischen Kleiner Rosenthaler Straße und Gormannstraße liegt der
Alte Garnisonfriedhof, der 1702 für Soldaten und Offiziere angelegt
wurde. Auch ein Steinmetzgeselle starb im Dienst für den König.
Wie die Grabinschrift belegt, verunglückte der 23-Jährige 1802 bei
Umbauarbeiten am Schloss »durch den unglücklichen Fall / eines
Steines / welcher ihm den Kopf / zerschmetterte / Durch seine
Folgsamkeit / und gute Eigenschaften / wird er seinen betrübten
Eltern / im Herzen stets unvergesslich / bleiben«.

Straße des 17. Juni, Berlin   5 km

Die Straße führte einst vom Berliner Schloss zum Schloss Charlot-
tenburg. Hätten Hitler und sein Lieblingsarchitekt Albert Speer ihre
größenwahnsinnigen Pläne für eine »Welthauptstadt Germania«
realisiert, wäre sie Teil einer 40 Kilometer langen Prachtallee ge-
worden. Gigantische Neubauten hätten die historischen Gebäude
überragt, eine 290 Meter hohe Ruhmeshalle den alten Wettstreit um
die höchste Kuppel Berlins verstummen lassen. Spuren dieser Pla-
nung sind die Siegessäule, die zuerst vor dem Reichstag gestanden hatte, und die von Speer entworfenen Straßenlaternen.

Im Stadtteil Wedding benannte der Berliner Magistrat in kaiser-zeit-licher Kolonialismus-Begeisterung Straßen und Plätze nach Orten und Kolonialbeamten in Afrika. Seit einigen Jahren wird die Umbenennung von Straßen diskutiert – ein wichtiger Prozess, zumal mittlerweile circa 2 500 Menschen afrikanischer Herkunft im »Afrikanischen Viertel« leben. Nach dem Entwurf des Künstlers Kang Sunkoo soll hier eine bronzene Flagge auf Halbmast errichtet werden, ein Zeichen der Trauer angesichts kolonialer Verbrechen. Das Kunstwerk besteht aus zwei Teilen. Der untere Teil der Fahne befindet sich im Humboldt Forum, wo afrikanische Objekte gezeigt werden, die in kolonialem Kontext »gesammelt« wurden.

König Friedrich II. gelang ein Coup: nach einem kostspieligen Krieg auch noch ein kostspieliges Schloss zu errichten, um die Größe und Macht Preußens zu verkünden. 120 Jahre später machte Kaiser Wilhelm II. das Neue Palais zu seinem Hauptwohnsitz. Nach dem Einbau einer innovativen Heizung wie im Berliner Schloss bot das Palais viele Vorzüge: Man war im Grünen, angenehm weit weg von Berlin und besaß einen Tennisplatz. Die Abendunterhaltung beschränkte sich allerdings allzu oft auf die Monologe des Monarchen, sodass ein Gast anmerkte: »Für die Mehrzahl dehnte sich der Abend etwas lang aus«.

Für sein Sommerschloss hatte König Jan III. Sobieski um 1680 begabte Architekten und Künstler berufen, auch aus den Niederlanden, Italien und der freien Stadtrepublik Danzig, wie zum Beispiel den jungen Andreas Schlüter. Das »polnische Versailles« wurde 1944 von der deutschen Wehrmacht in Brand gesteckt, um ein glanzvolles Symbol der Kulturnation Polen zu vernichten. Der Wiederaufbau nach Kriegsende war ein Akt der Selbstbehauptung.

Huis Doorn, bei Utrecht 551 km

Das kleine Wasserschloss nahe der niederländischen Stadt Utrecht verdankt seine Bekanntheit dem letzten deutschen Kaiser. Hier verlebte Wilhelm II. nach dem Ende der Monarchie 1918 die 23 Jahre bis zu seinem Tod. Von hier schwadronierte er gegen die Weimarer Republik oder vertrieb sich mit Holzsägen die Zeit. Ein Vertrauter notierte: »Der Park wird immer kahler, ein Baum nach dem anderen fällt.« Heute ist Huis Doorn ein Museum.

Schloss Versailles, bei Paris 1070 km

Im Obergeschoss des Barockschlosses liegt der berühmte Spiegelsaal. Nach dem Sieg im Deutsch-Französischen Krieg ließ sich hier am 18. Januar 1871 der preußische König Wilhelm I. zum Deutschen Kaiser ausrufen, als sei Schloss Versailles eine Dependance der Hohenzollern. Fast jeder Bildband zur deutschen Geschichte reproduziert Anton von Werner, der das Ereignis mehrfach in Öl malte – unter anderem als Wandschmuck für den Weißen Saal des Berliner Schlosses.

Uffizien, Florenz 1231 km

Die Uffizien wurden im 16. Jahrhundert als Bürogebäude errichtet. Der Großherzog der Toskana brachte hier wichtige Ministerien und Behörden unter, außerdem seine Kunstsammlung. Franco Stella, der italienische Architekt des Humboldt Forums, hatte dieses Meisterwerk toskanischer Architektur vor Augen, als er die Passage zwischen Lustgarten und Breiter Straße entwarf. Sie sei, so Stella, ein Hof inmitten eines Gebäudes und zugleich eine Piazza inmitten der Stadt.

Roter Platz, Moskau   1819 km

Der – in der eigentlichen Bedeutung – »schöne« Platz bildet das
Wahrzeichen und Zentrum Moskaus, begrenzt von der Basilius-
Kathedrale aus dem 16. Jahrhundert, dem Historischen Museum,
dem Kaufhaus GUM und der Kreml-Mauer. Seit Moskau 1918 wieder
Hauptstadt wurde, dient der 70 Meter breite und 330 Meter lange
Platz Demonstrationen und Paraden. Einen ebenso großen Auf-
marschplatz mitten in Berlin wünschte sich der SED-Vorsitzende
Walter Ulbricht nach der Gründung der DDR 1949. Dafür ließ er das
Berliner Schloss abreißen.

Ehemaliges Gästehaus, Qingdao   7903 km

In der chinesischen 8-Millionen-Stadt bilden wilhelminische
Prachtbauten eine Touristenattraktion im Schatten hochmoderner
Wolkenkratzer. Auch das Bier nach deutschem Reinheitsgebot ist
berühmt. Sie sind Relikte einer deutschen Kolonialherrschaft, die
auf der Shandong-Halbinsel einen Flottenstützpunkt für die Kaiser-
liche Marine installierte und zugleich eine Zweiklassengesellschaft,
die alle Rechte und Annehmlichkeiten für Europäer reservierte.

Fort Groß-Friedrichsburg, bei Sekondi-Takoradi   8646 km

Das Fort an der Küste Ghanas hatte der brandenburgische Kurfürst
Friedrich Wilhelm 1682 erbauen lassen. Er wollte teilhaben am Wett-
streit der europäischen Mächte um die Schätze Afrikas. Von ihrem
Stützpunkt aus ließen die Brandenburger Salz, Getreide, Gummi,
Gold, Elfenbein, vor allem aber Tausende von Menschen verschif-
fen. Heute dient die Befestigung, die mittlerweile zum UNESCO-
Weltkulturerbe gehört, als Gedenkstätte für die Opfer von Verskla-
vung und Kolonialismus.